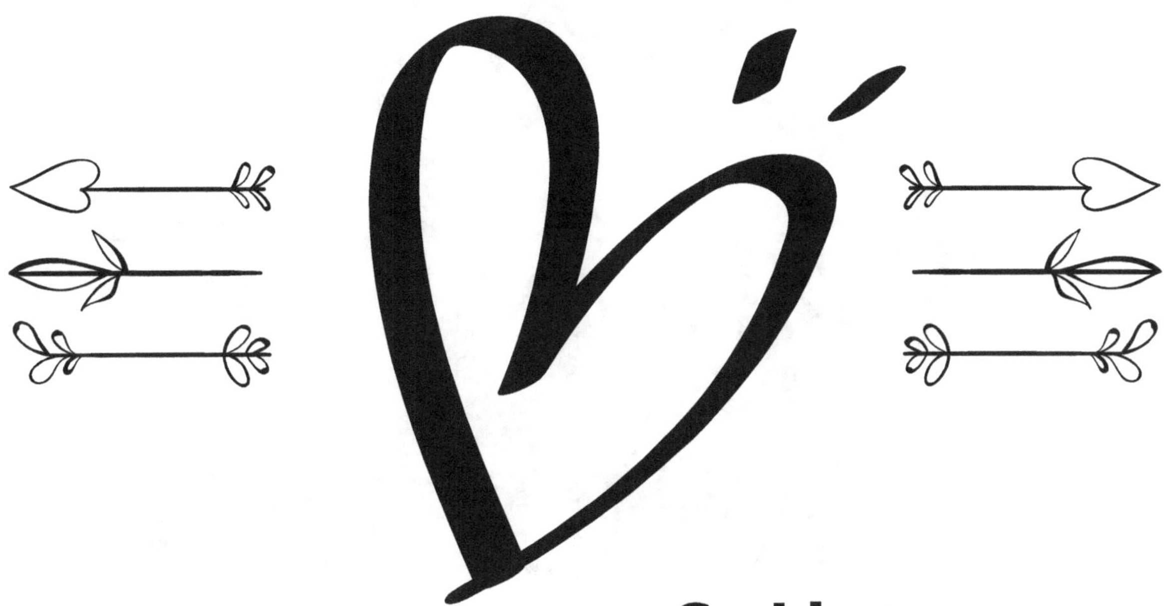

Ce Livre

Appartient à

SQUELETTE LIVRE DE COLORIAGE

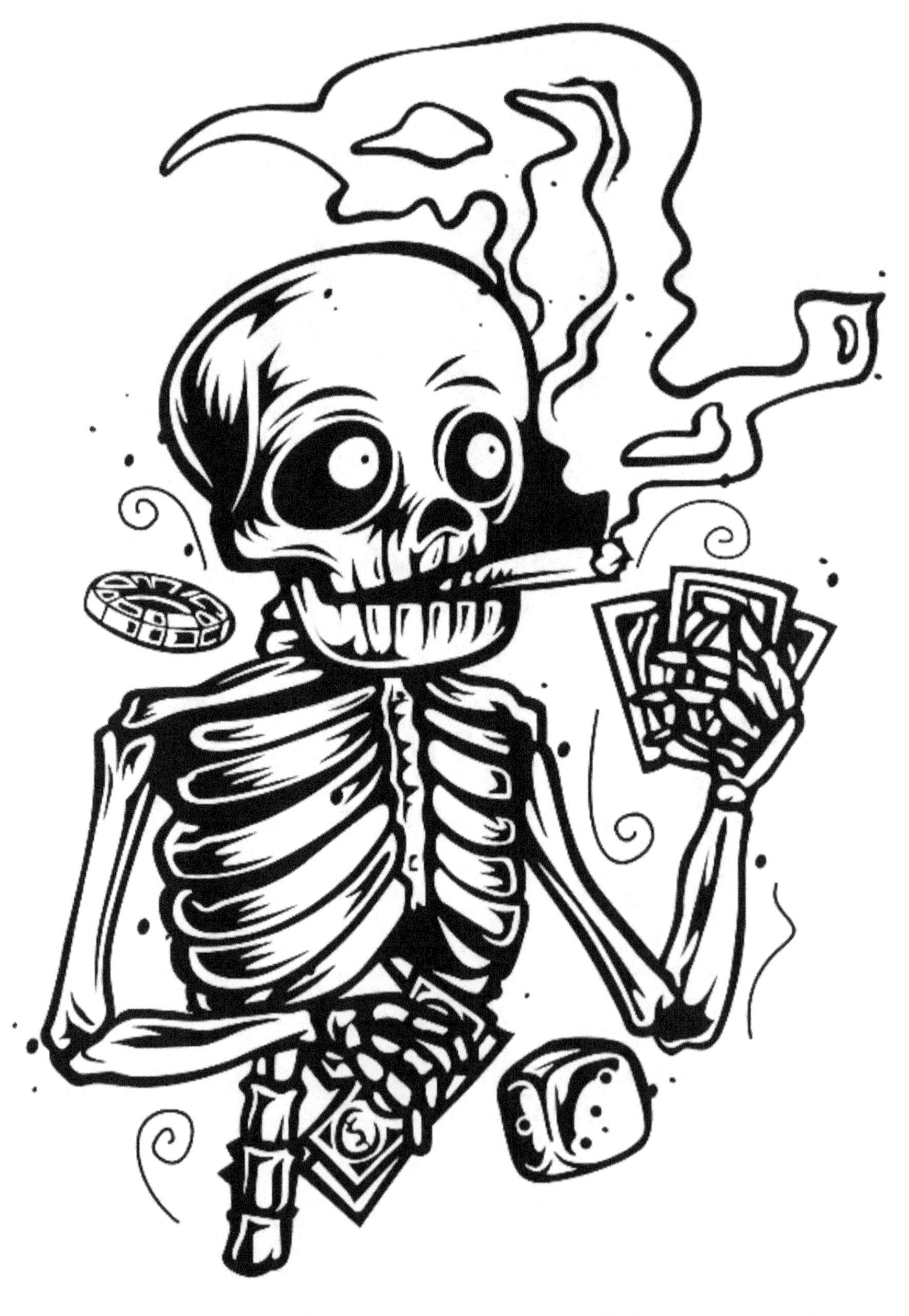

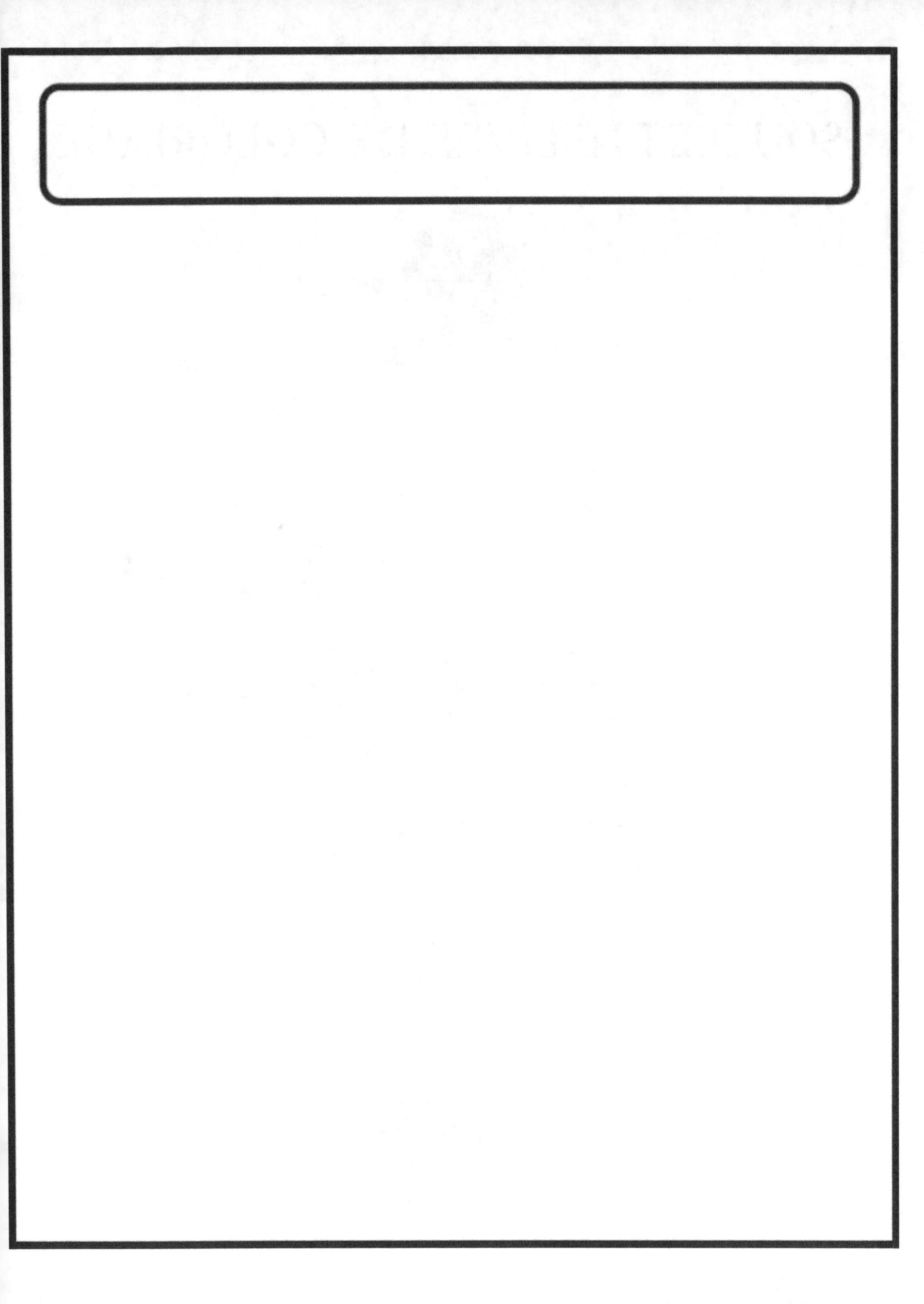

SQUELETTE LIVRE DE COLORIAGE

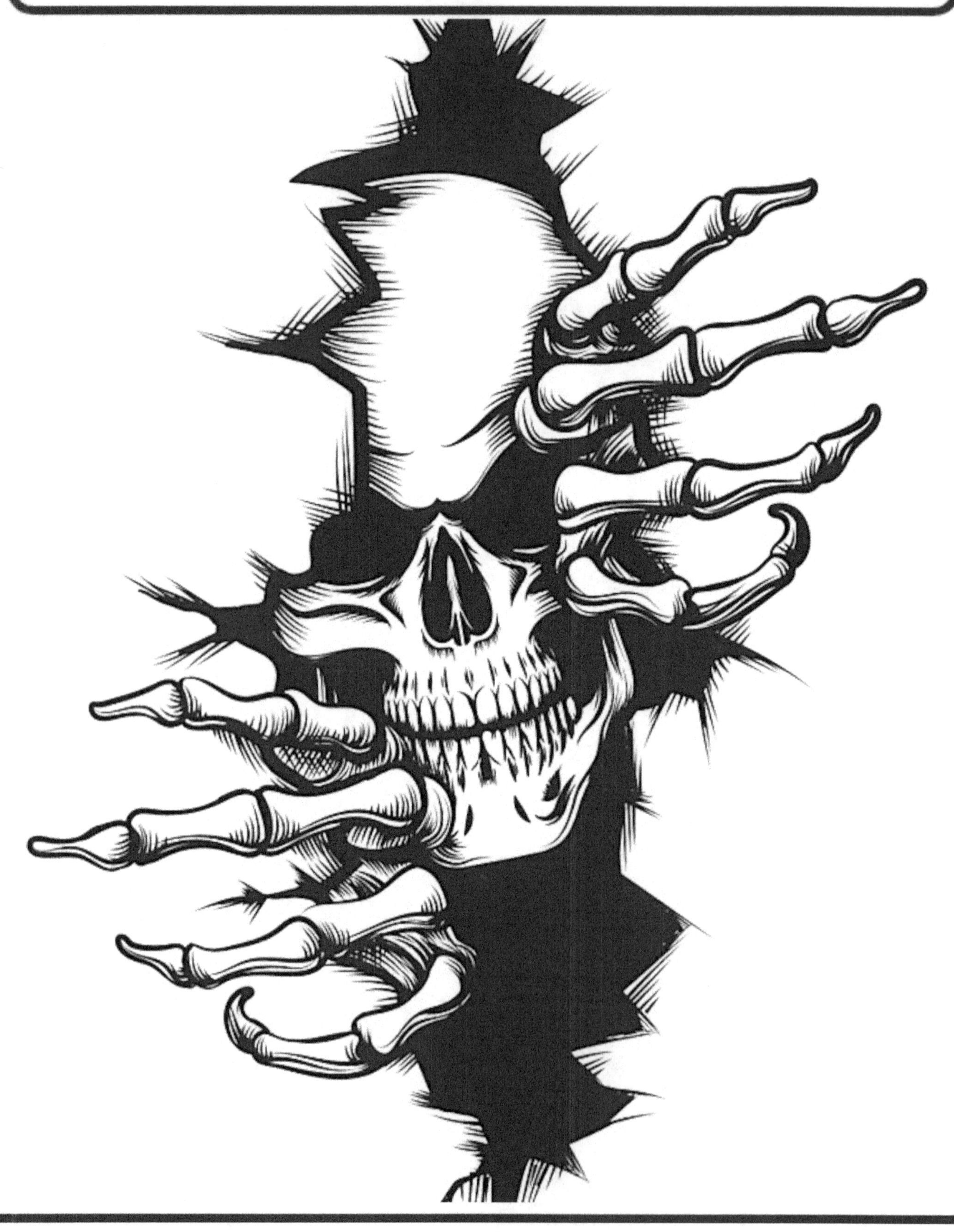

SQUELETTE LIVRE DE COLORIAGE

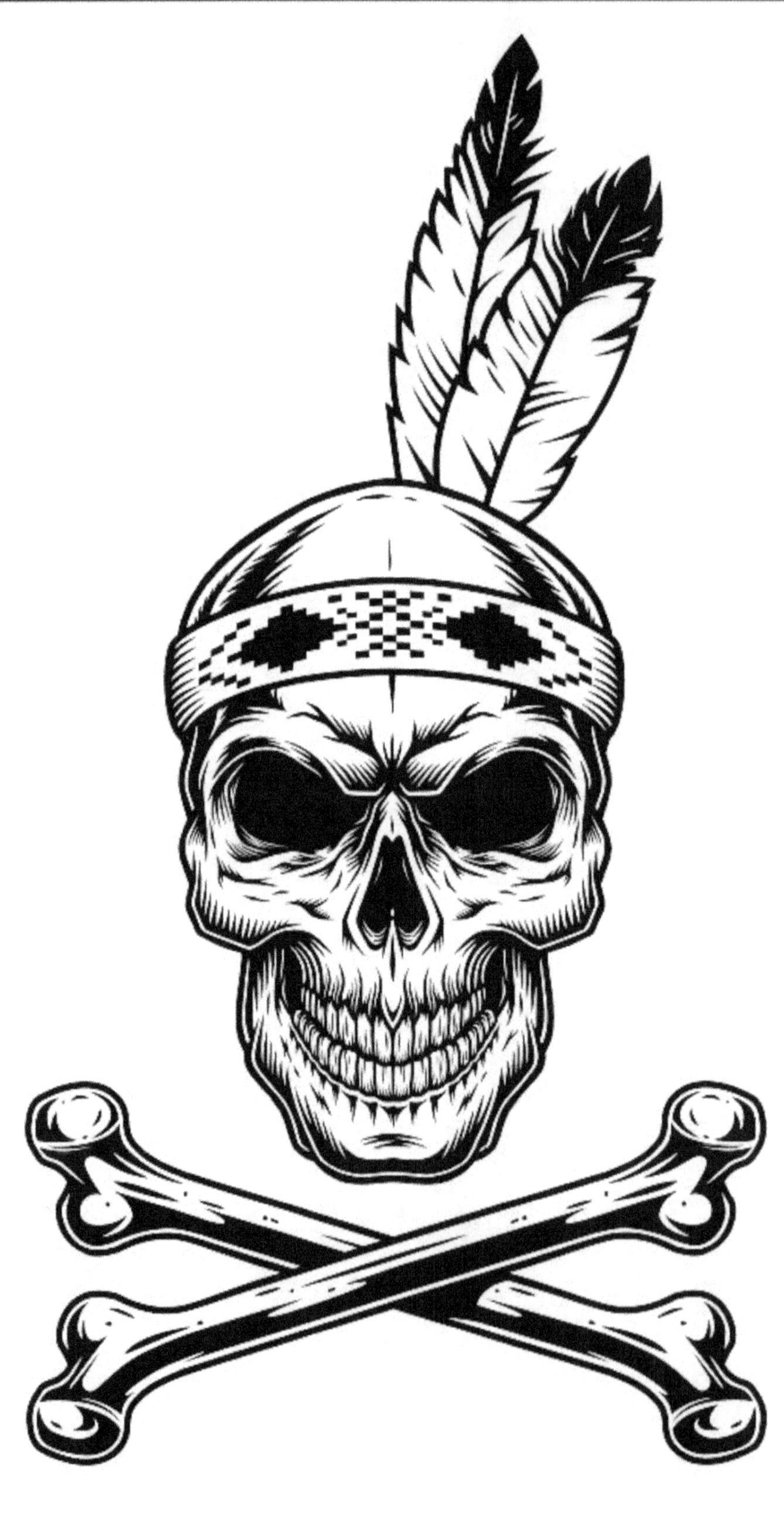

SQUELETTE LIVRE DE COLORIAGE

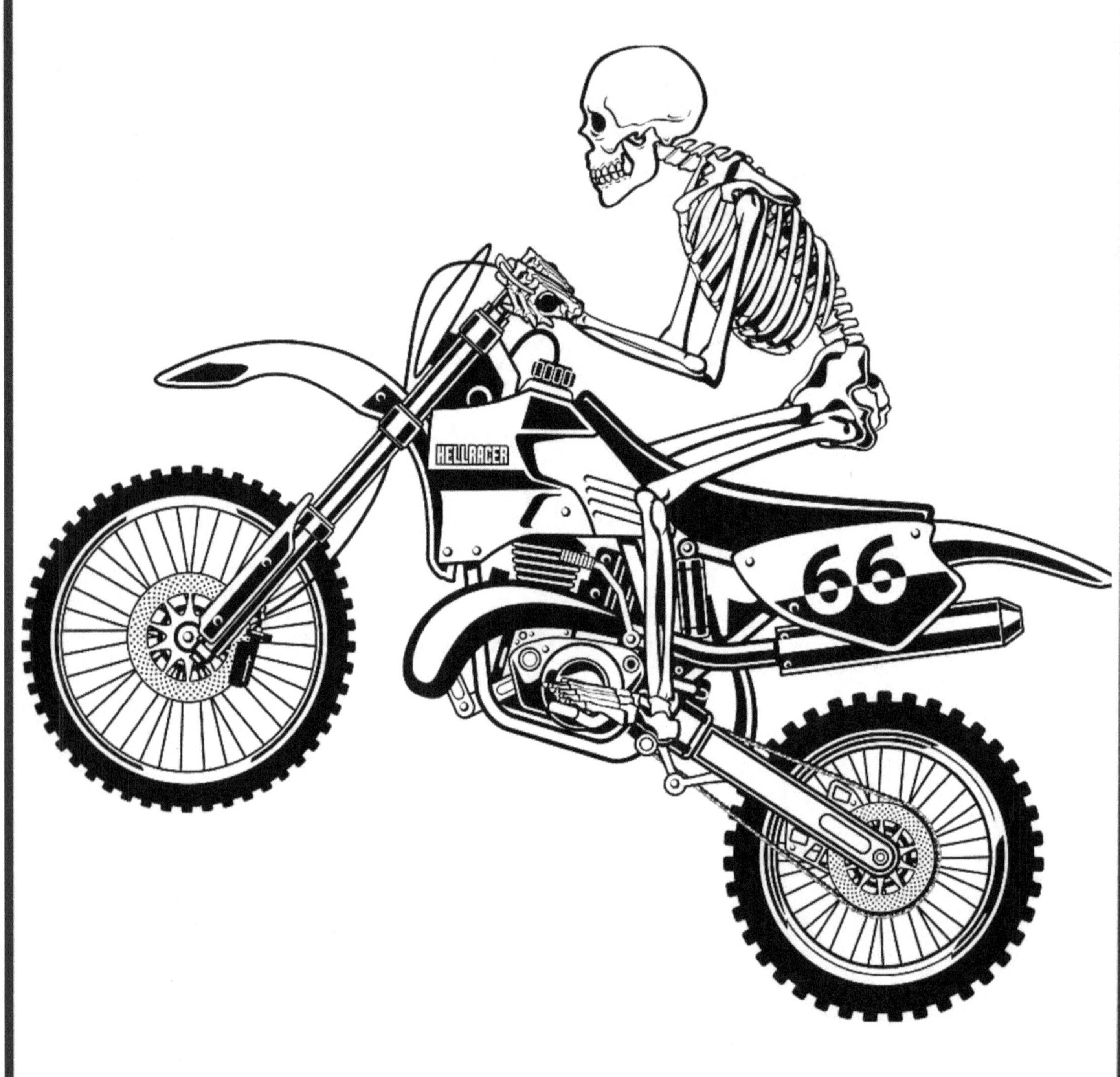

SQUELETTE LIVRE DE COLORIAGE

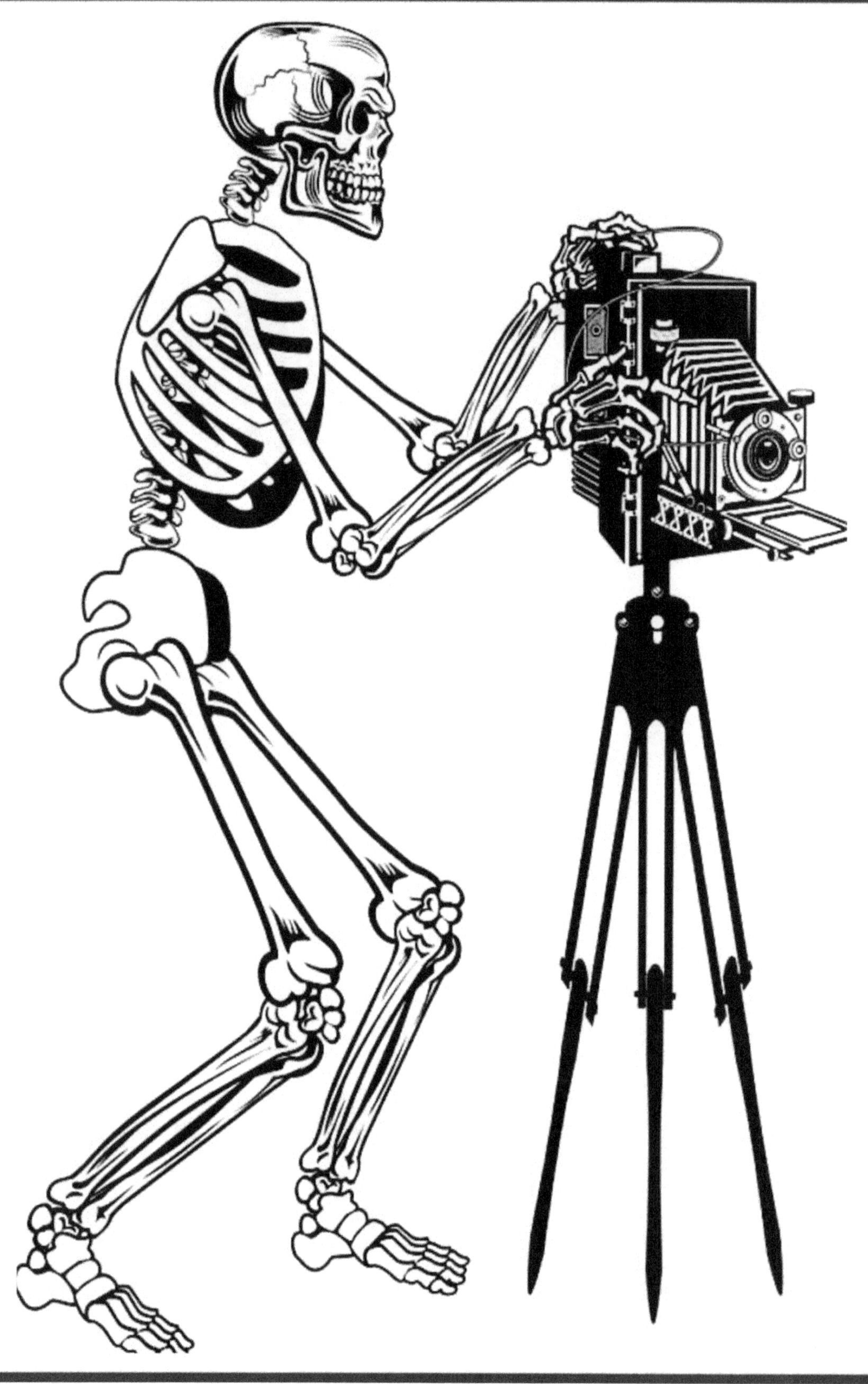

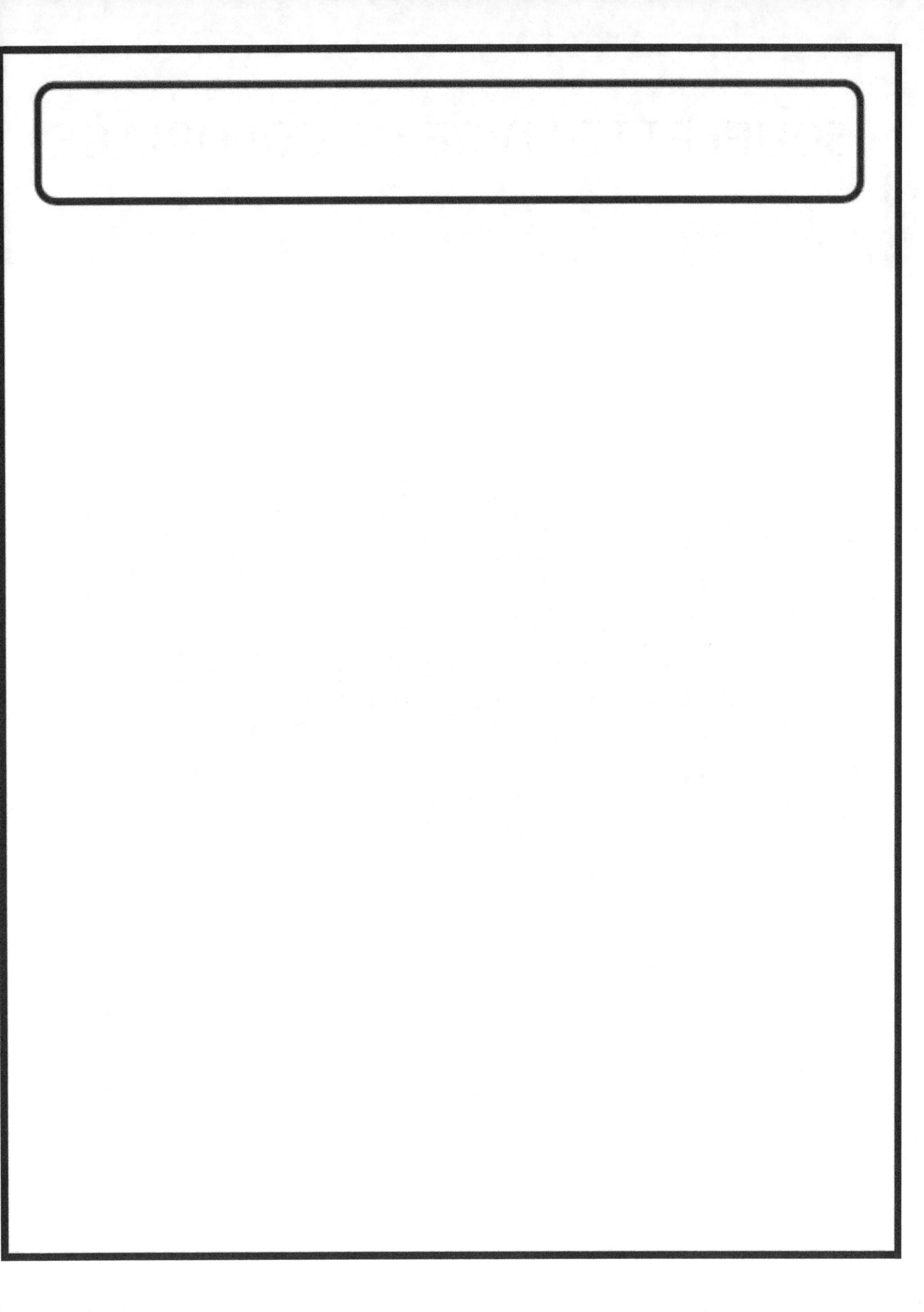

SQUELETTE LIVRE DE COLORIAGE

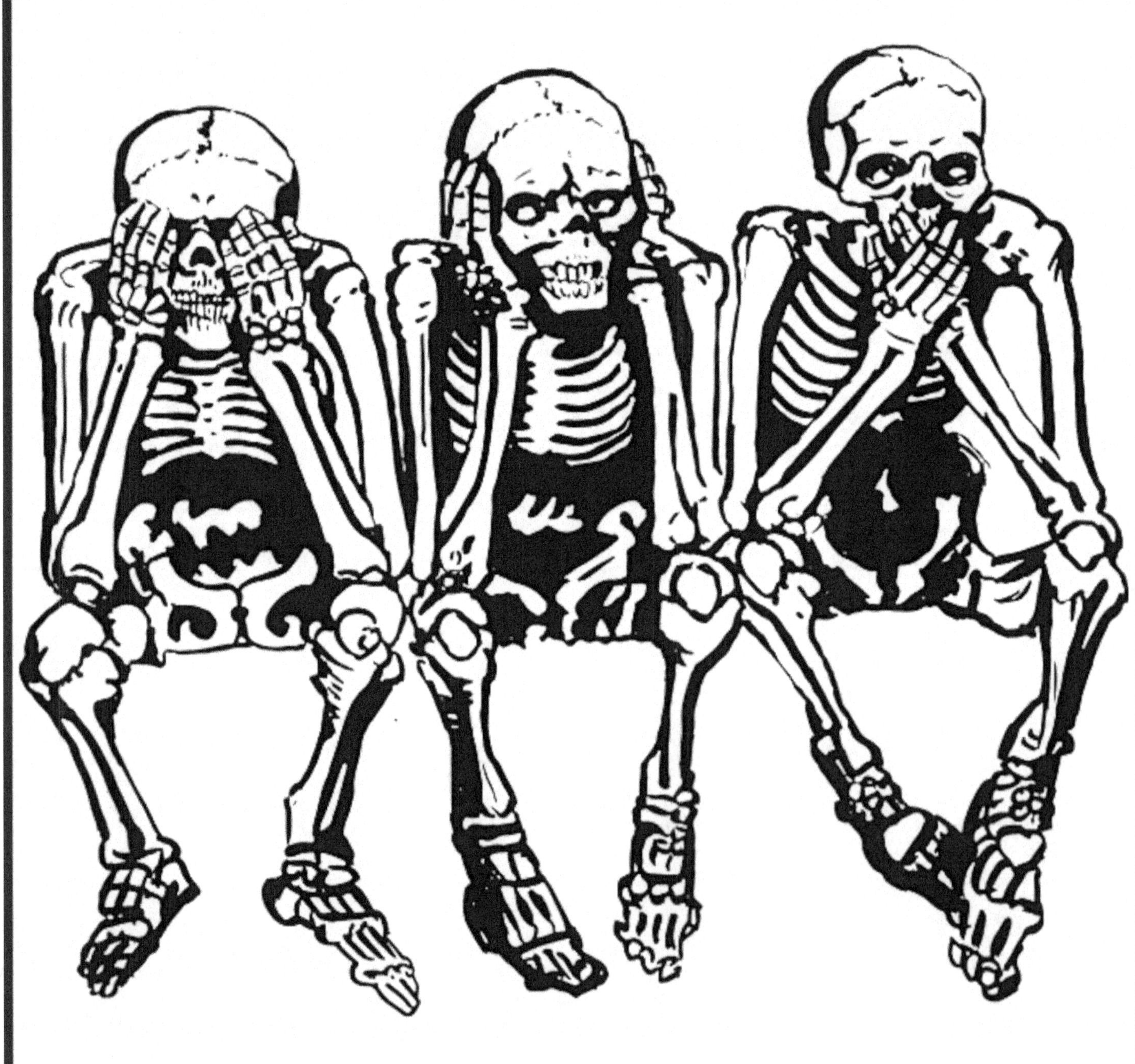

SQUELETTE LIVRE DE COLORIAGE

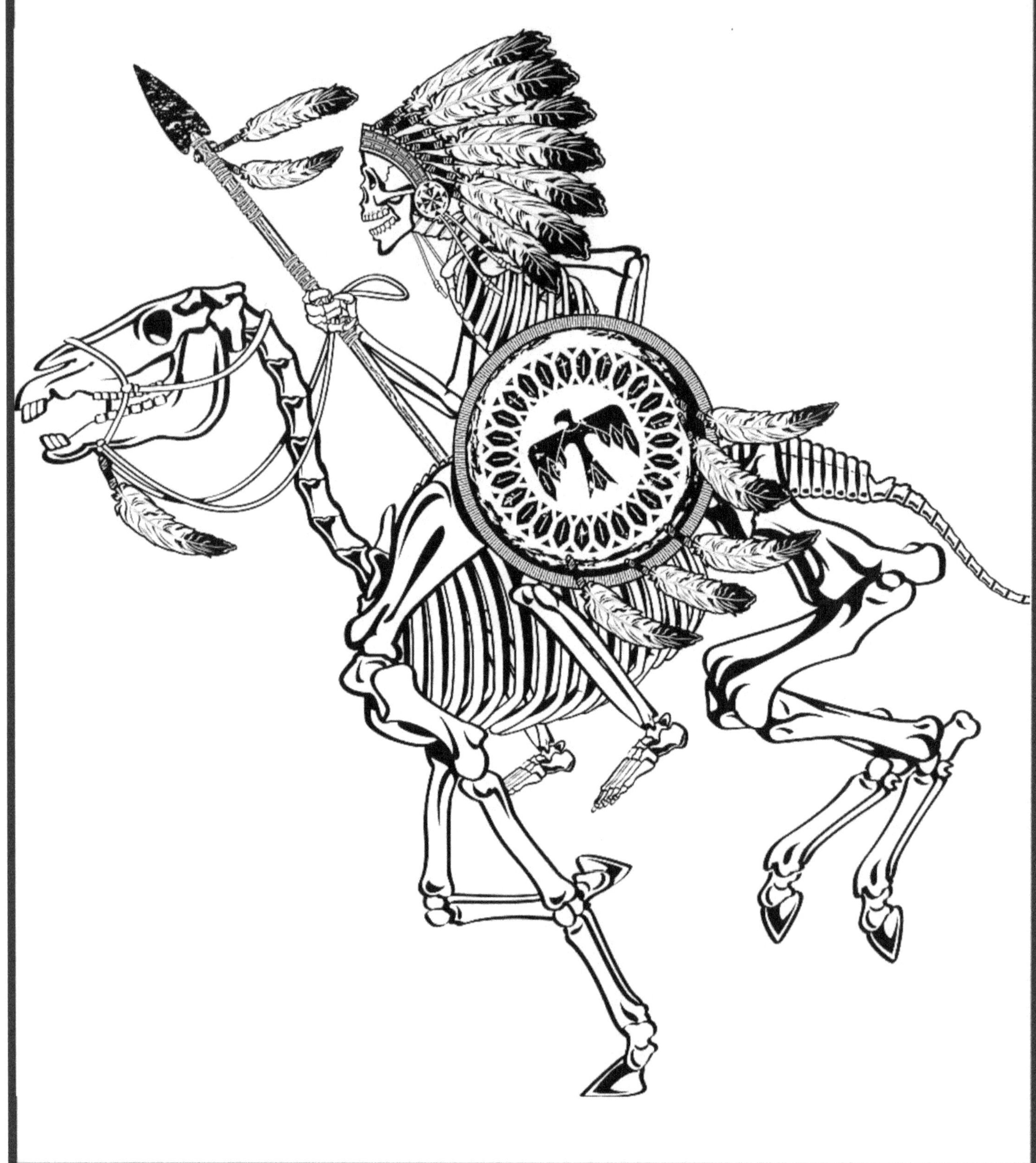

SQUELETTE LIVRE DE COLORIAGE

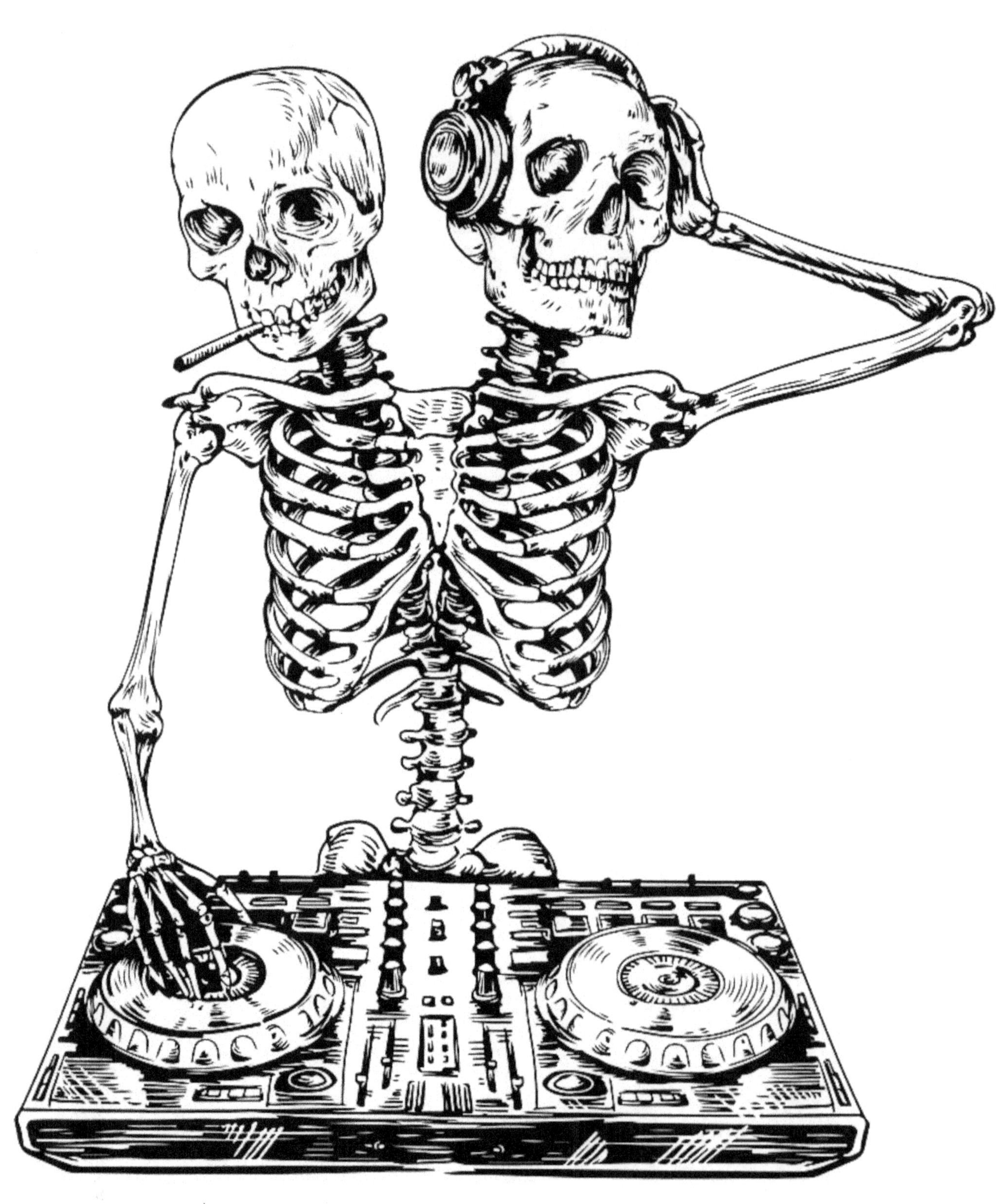

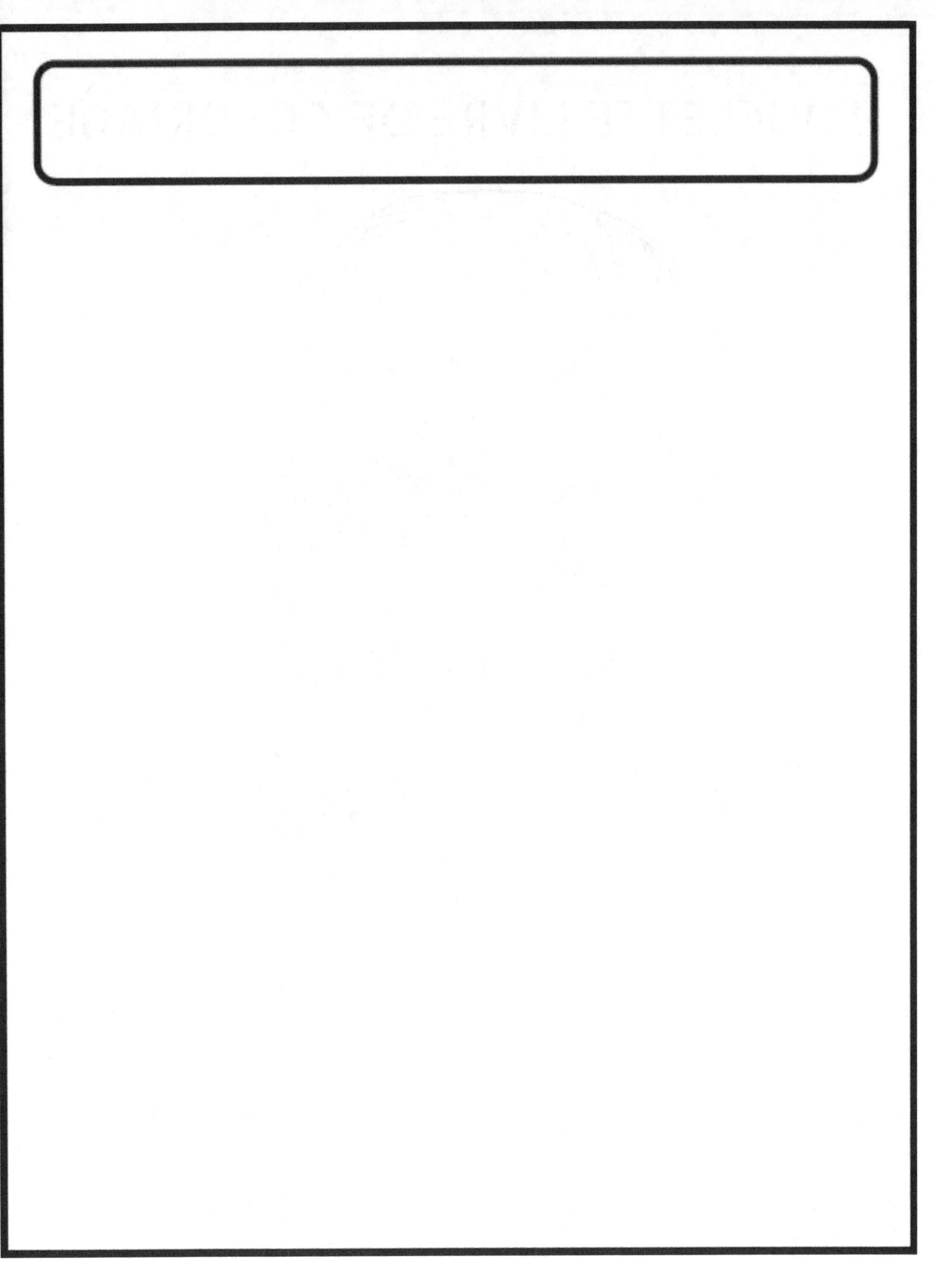

SQUELETTE LIVRE DE COLORIAGE
coffee

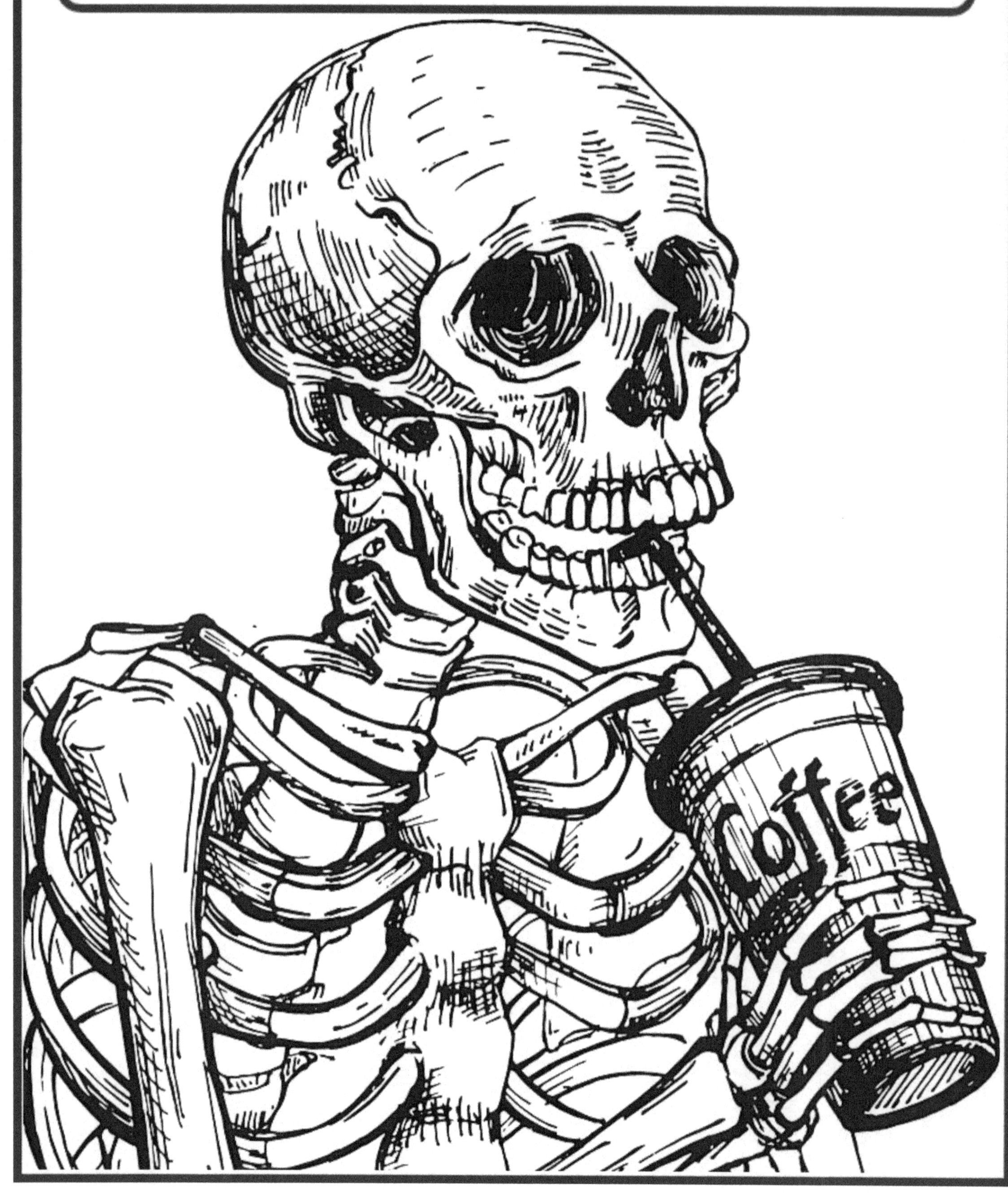

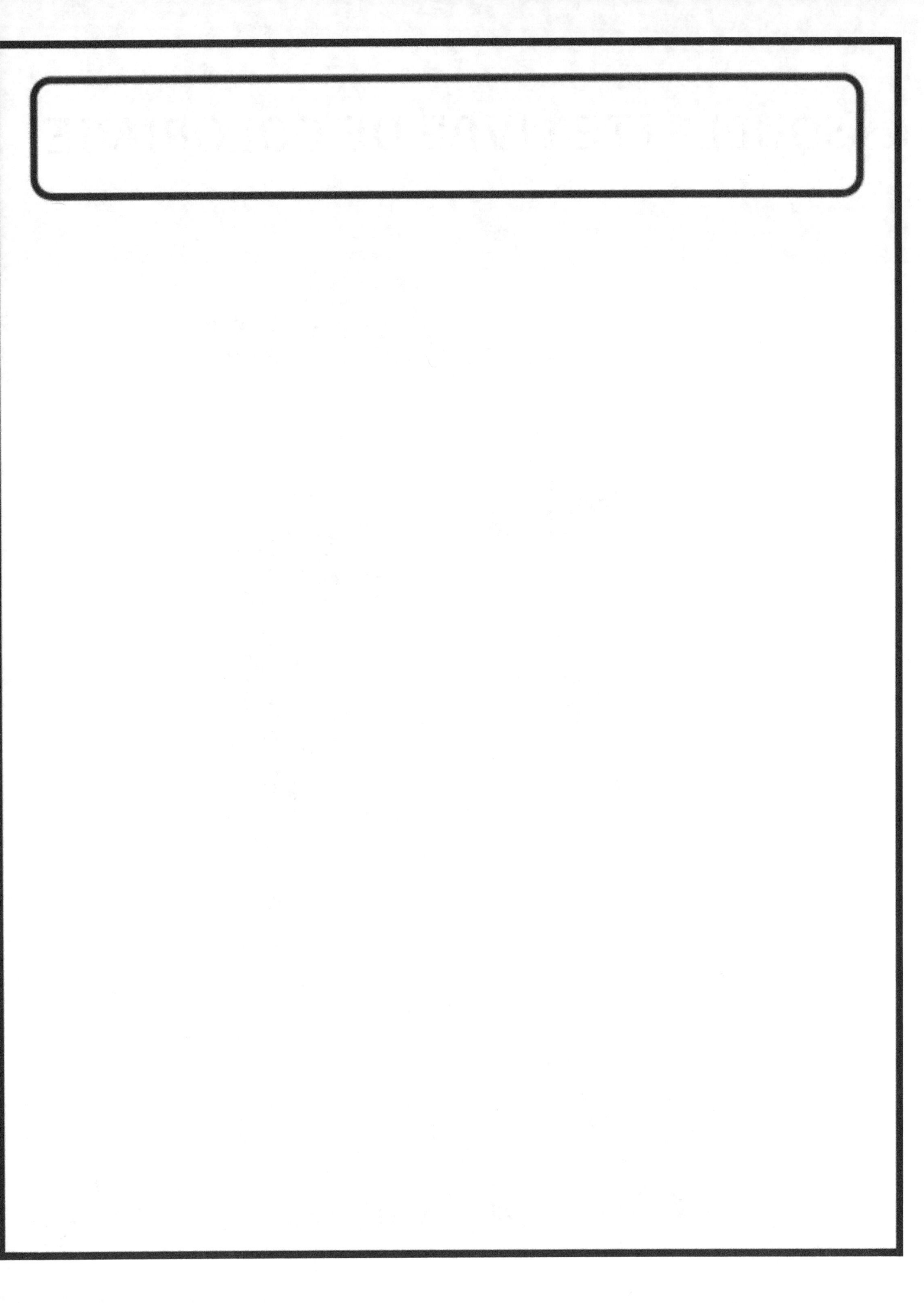

SQUELETTE LIVRE DE COLORIAGE

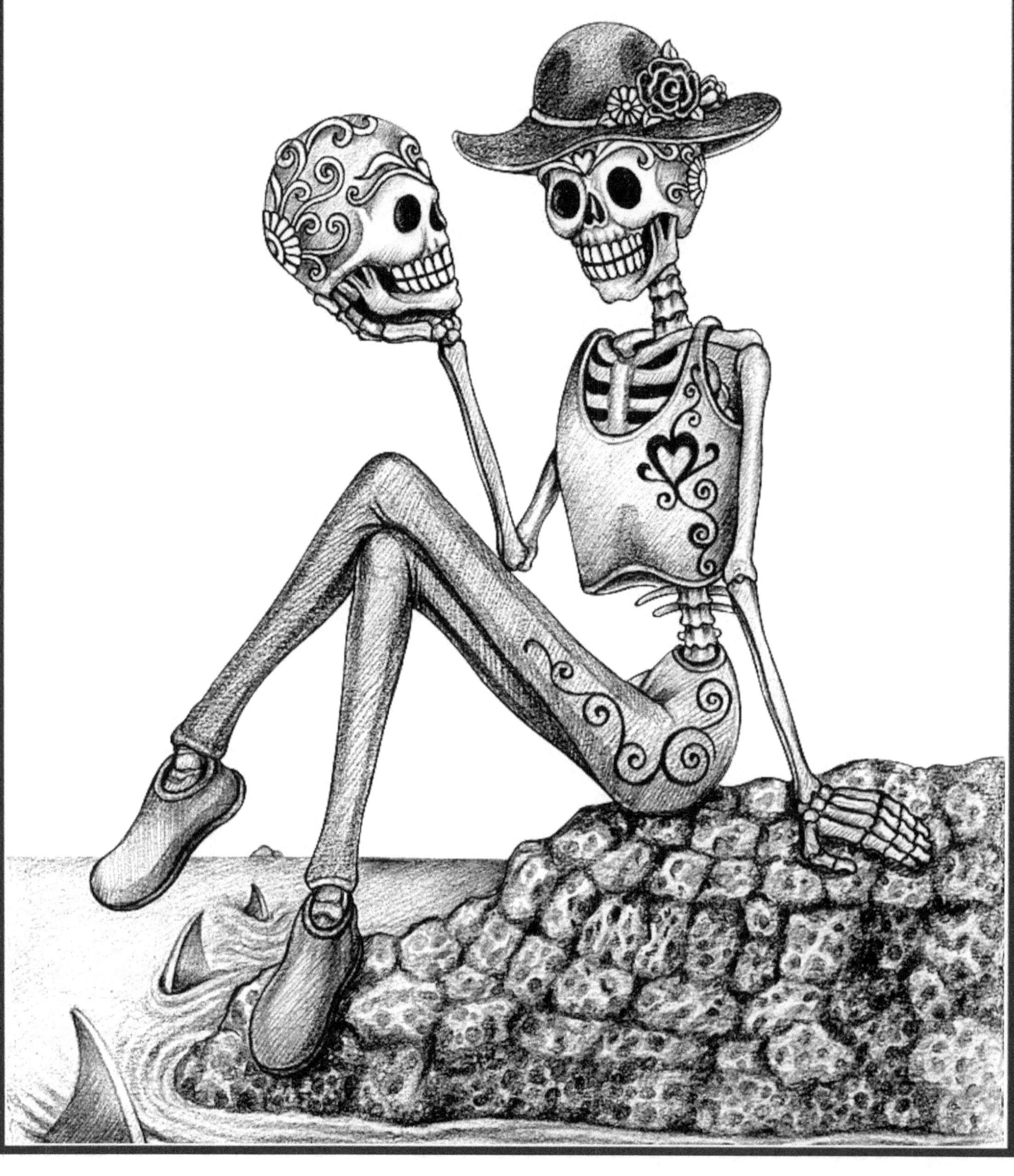

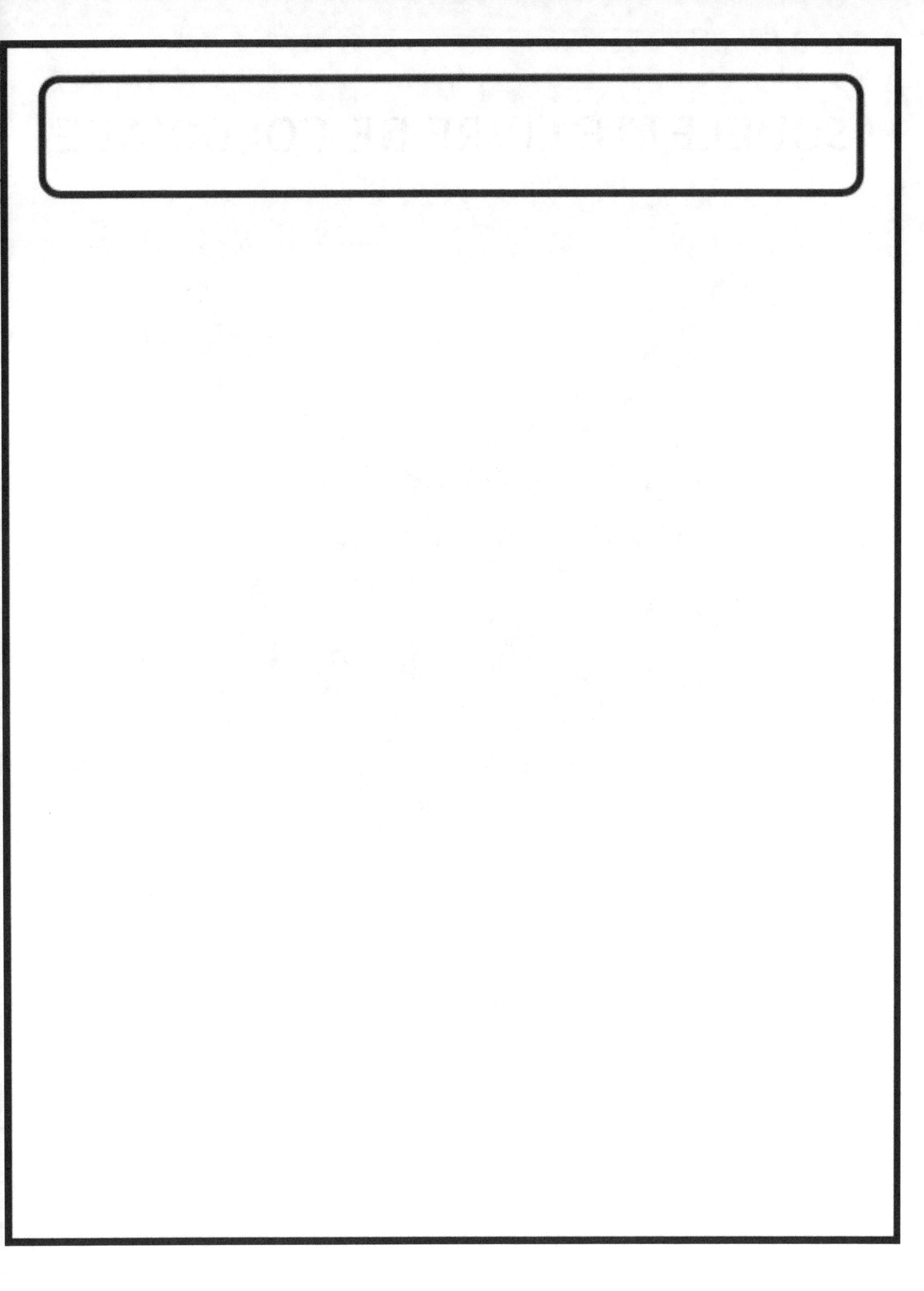

SQUELETTE LIVRE DE COLORIAGE

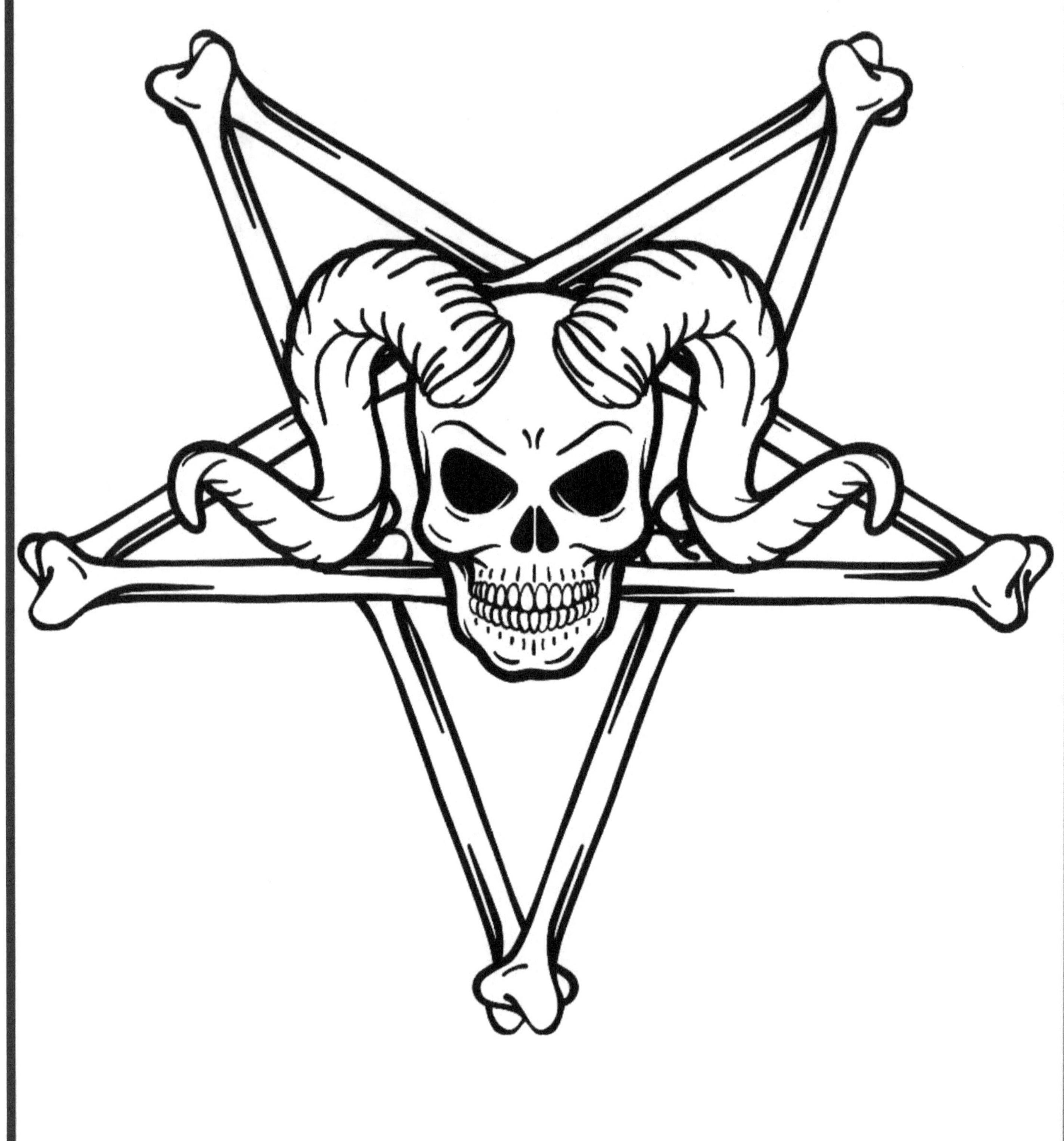

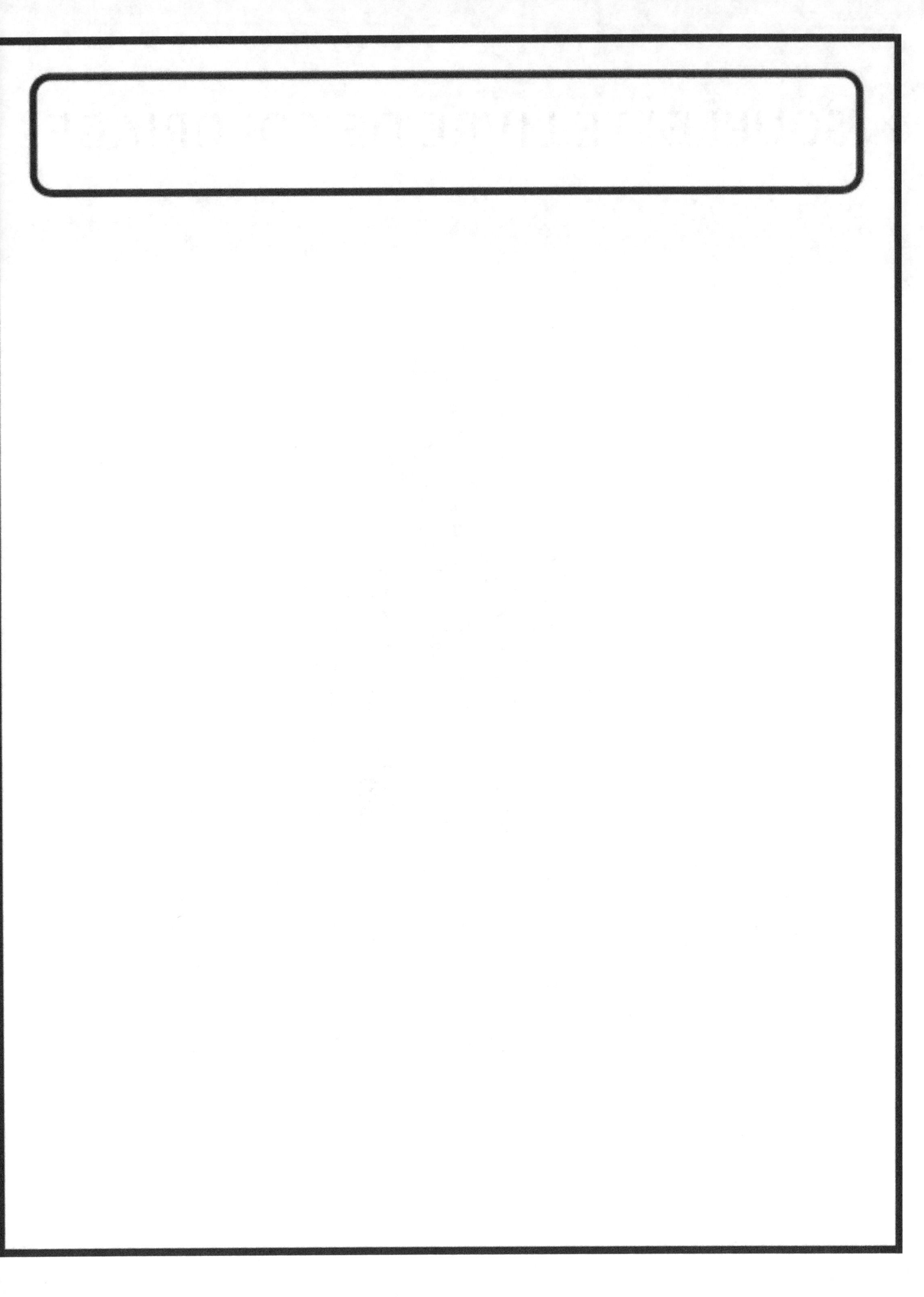

SQUELETTE LIVRE DE COLORIAGE

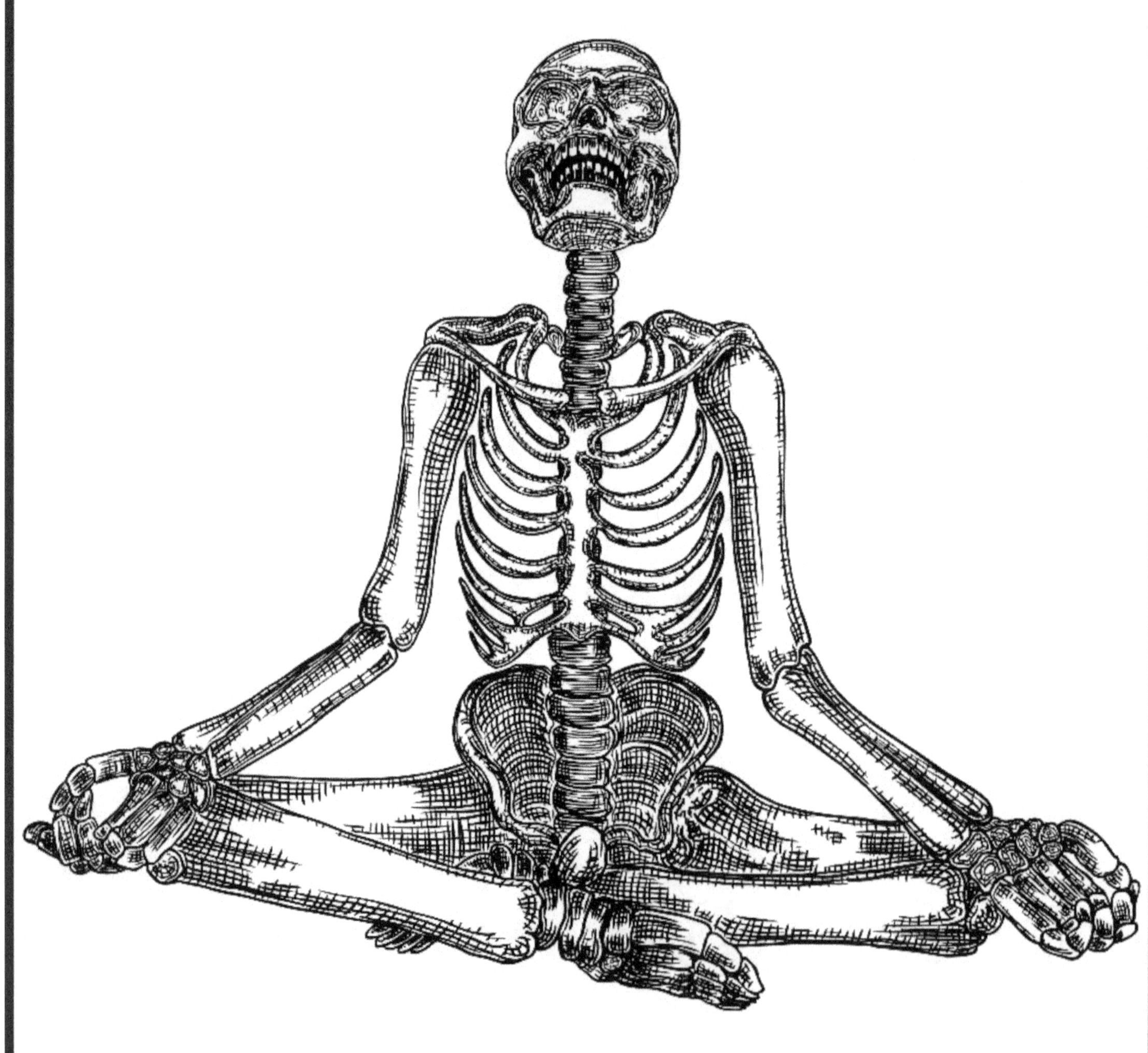

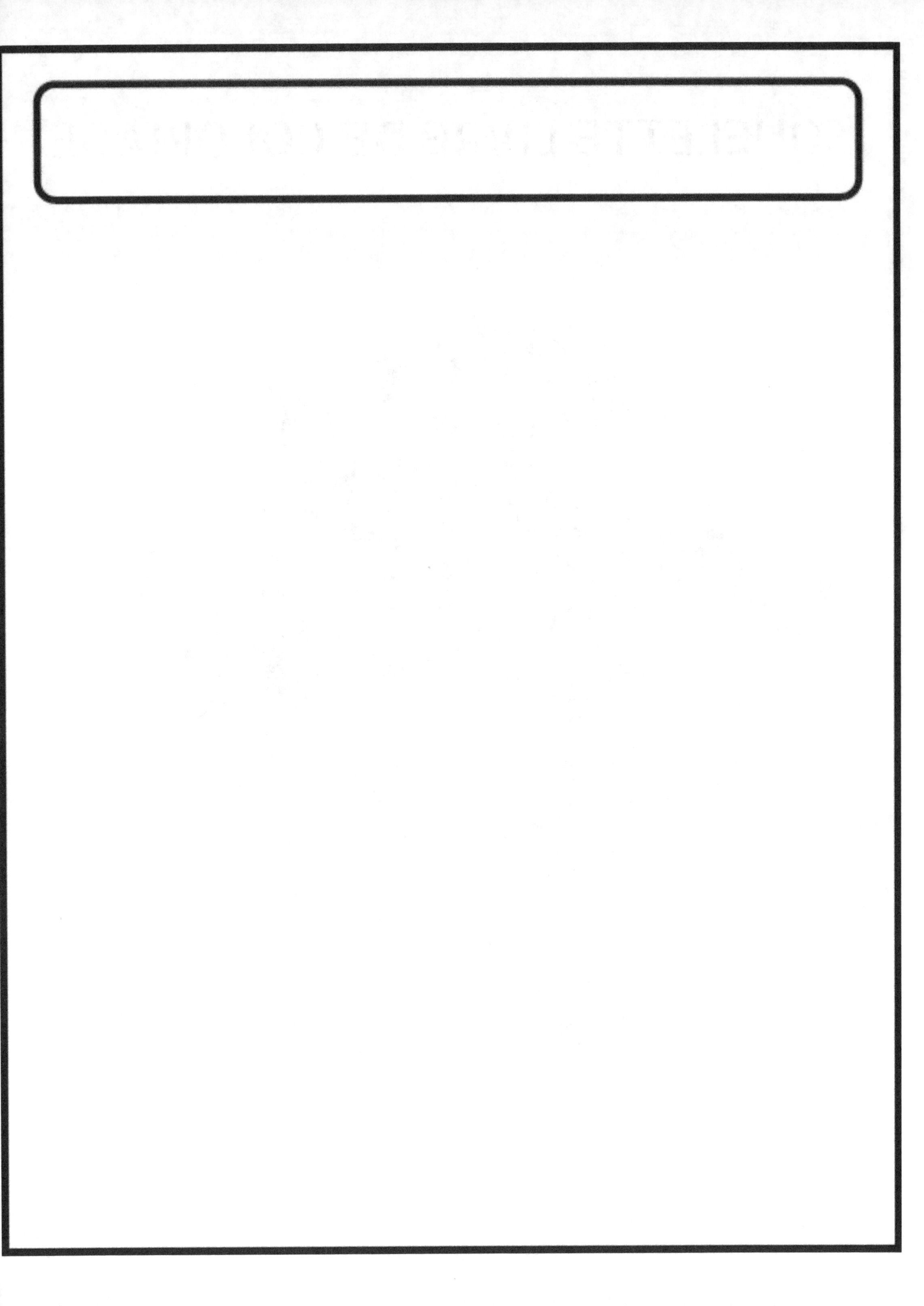

SQUELETTE LIVRE DE COLORIAGE

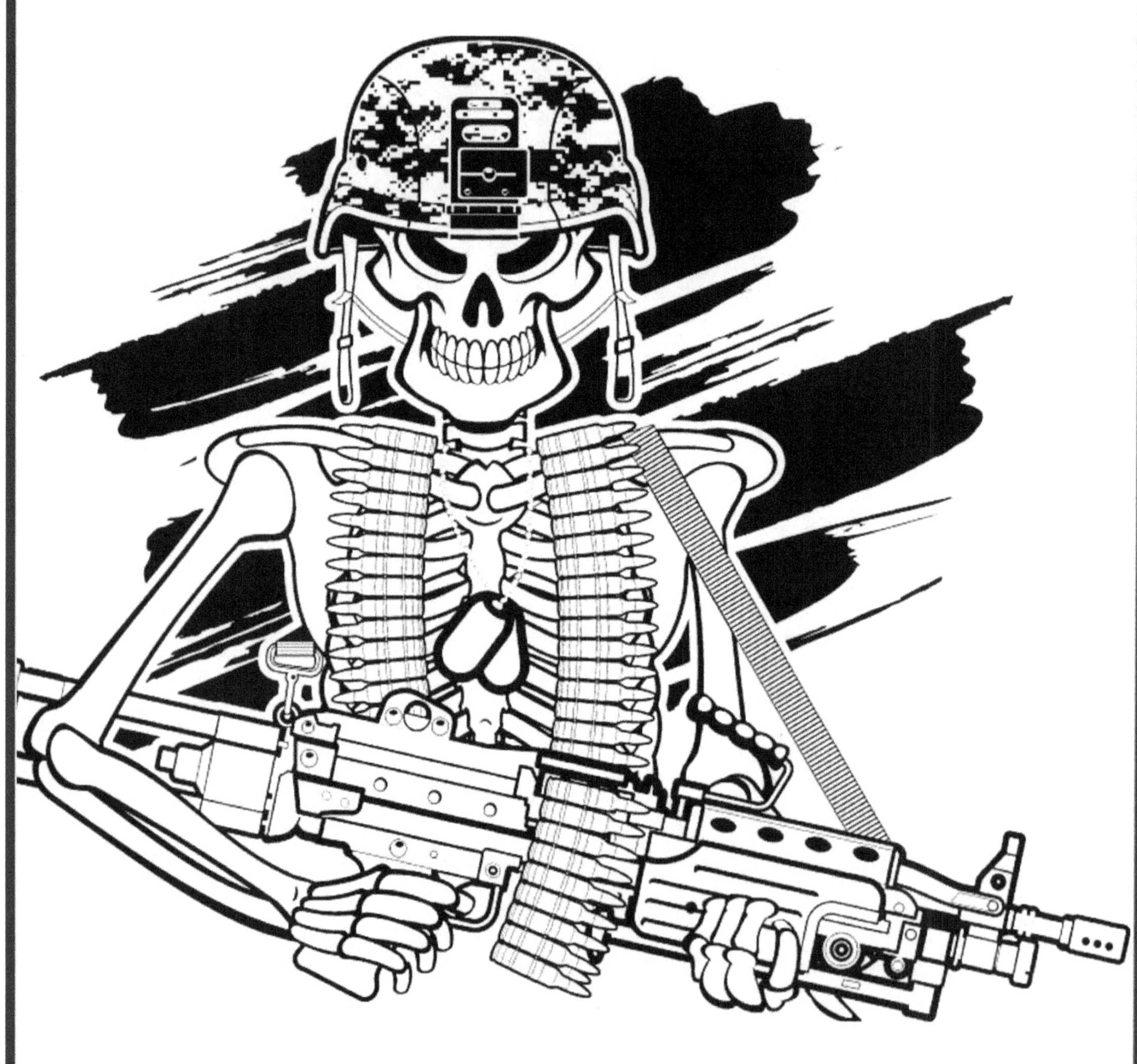

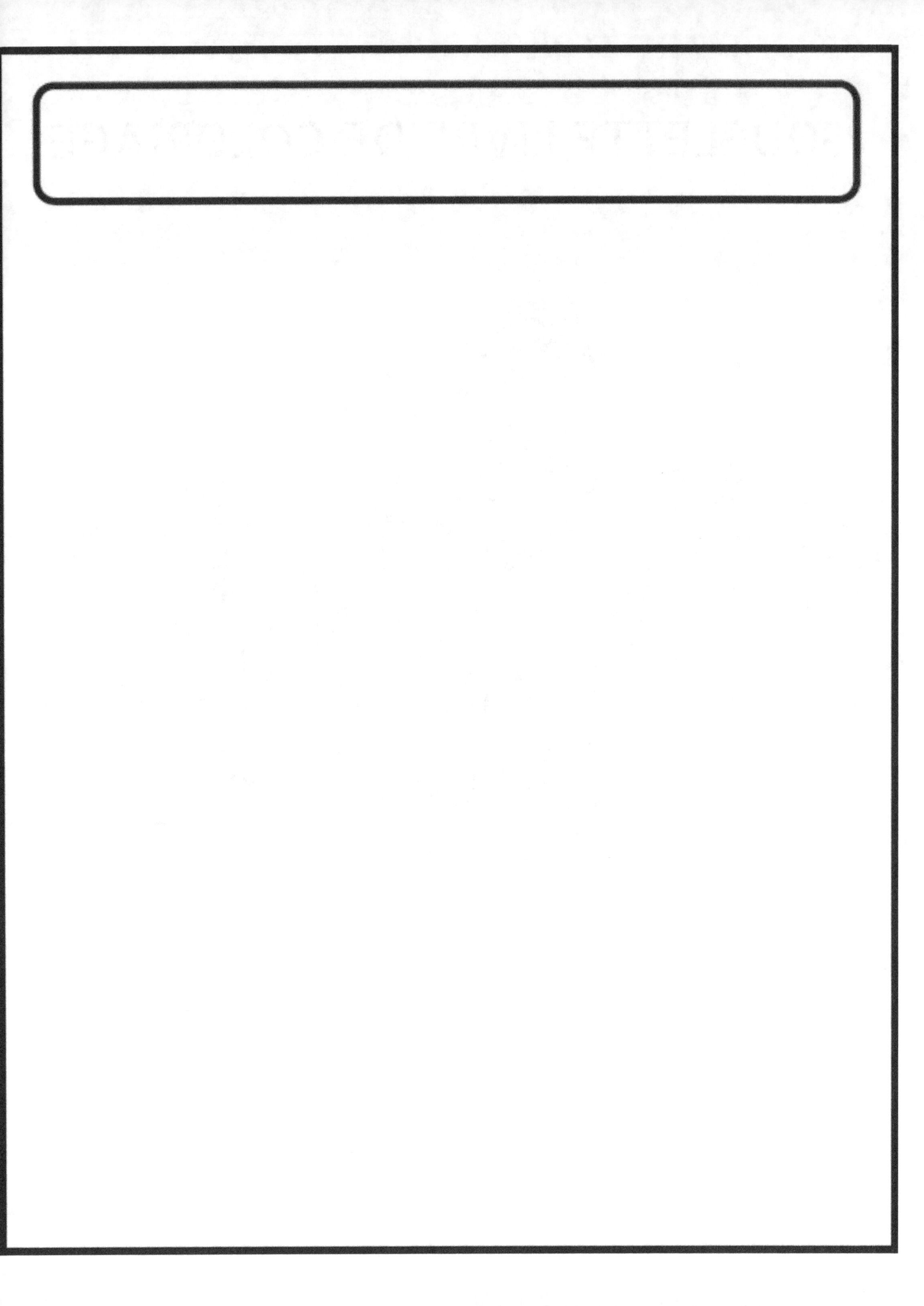

SQUELETTE LIVRE DE COLORIAGE

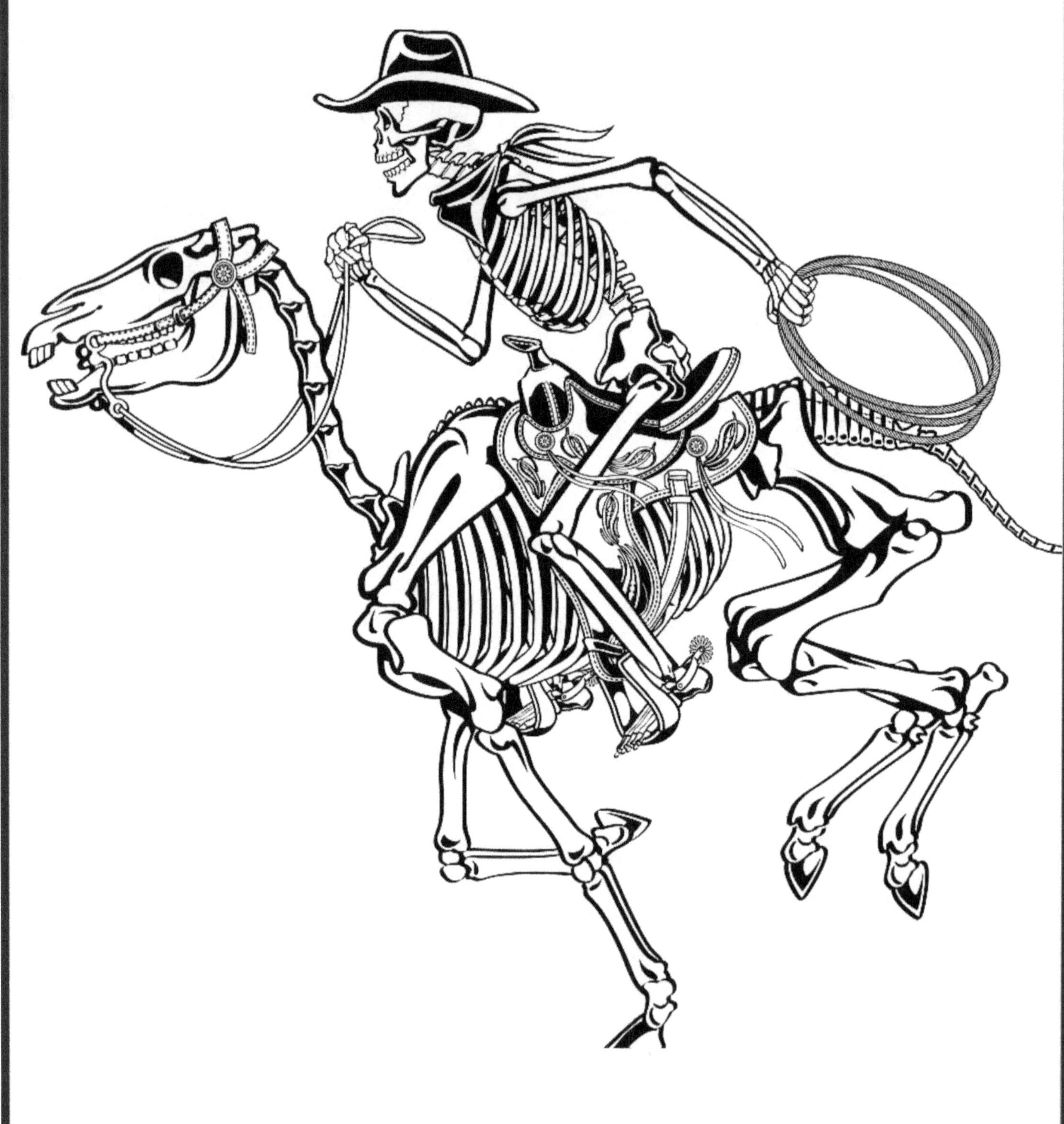

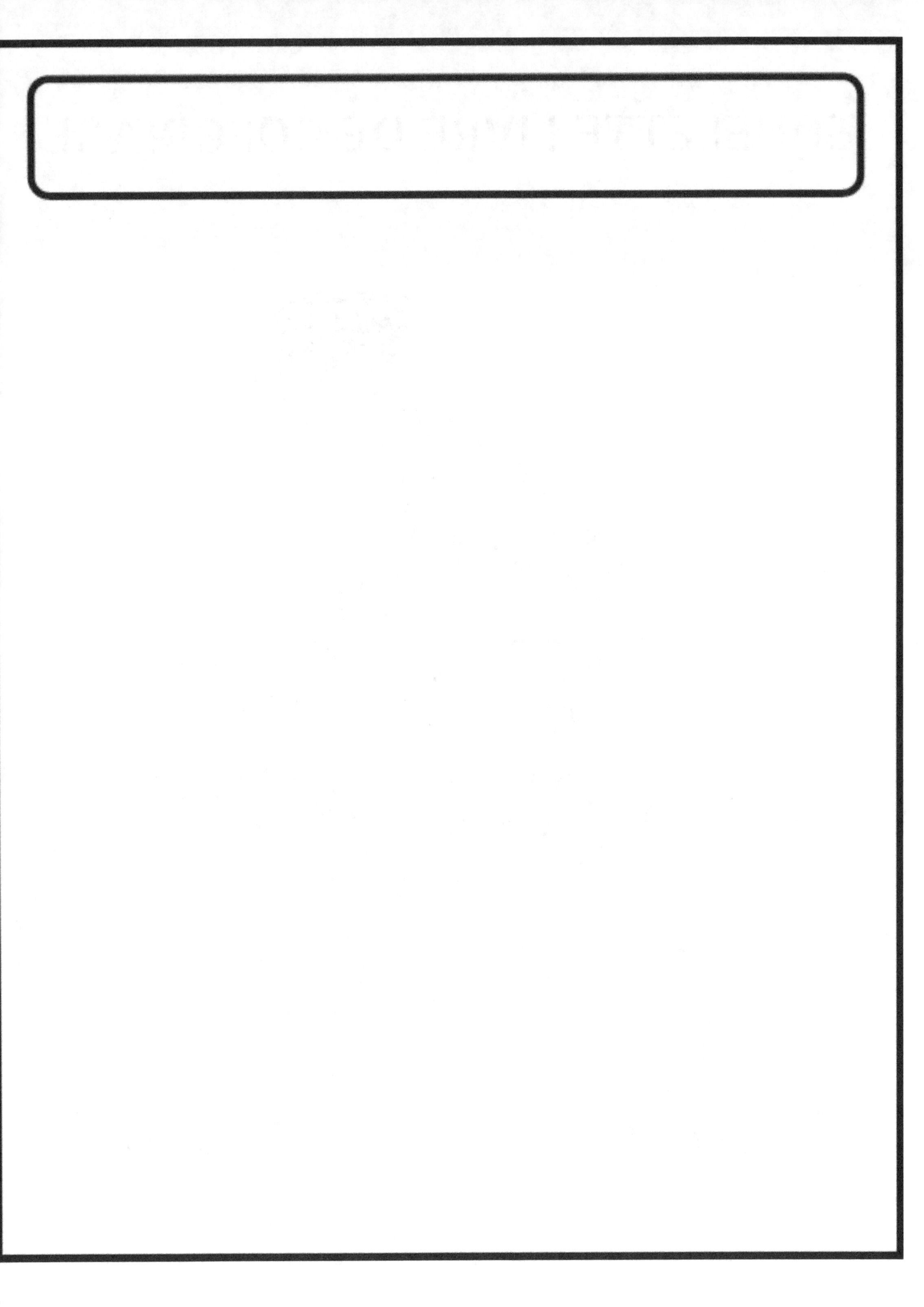

SQUELETTE LIVRE DE COLORIAGE

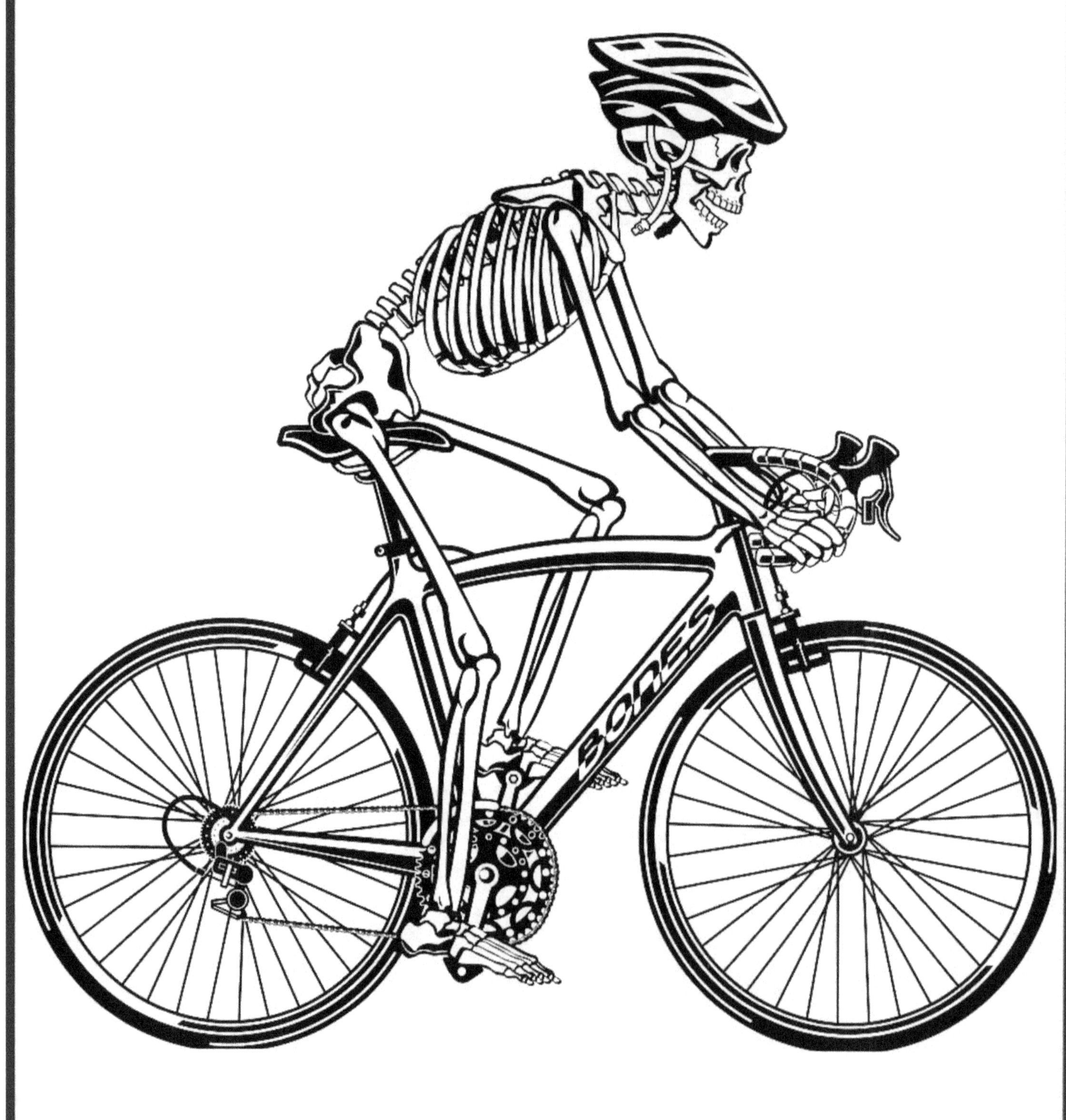

SQUELETTE LIVRE DE COLORIAGE

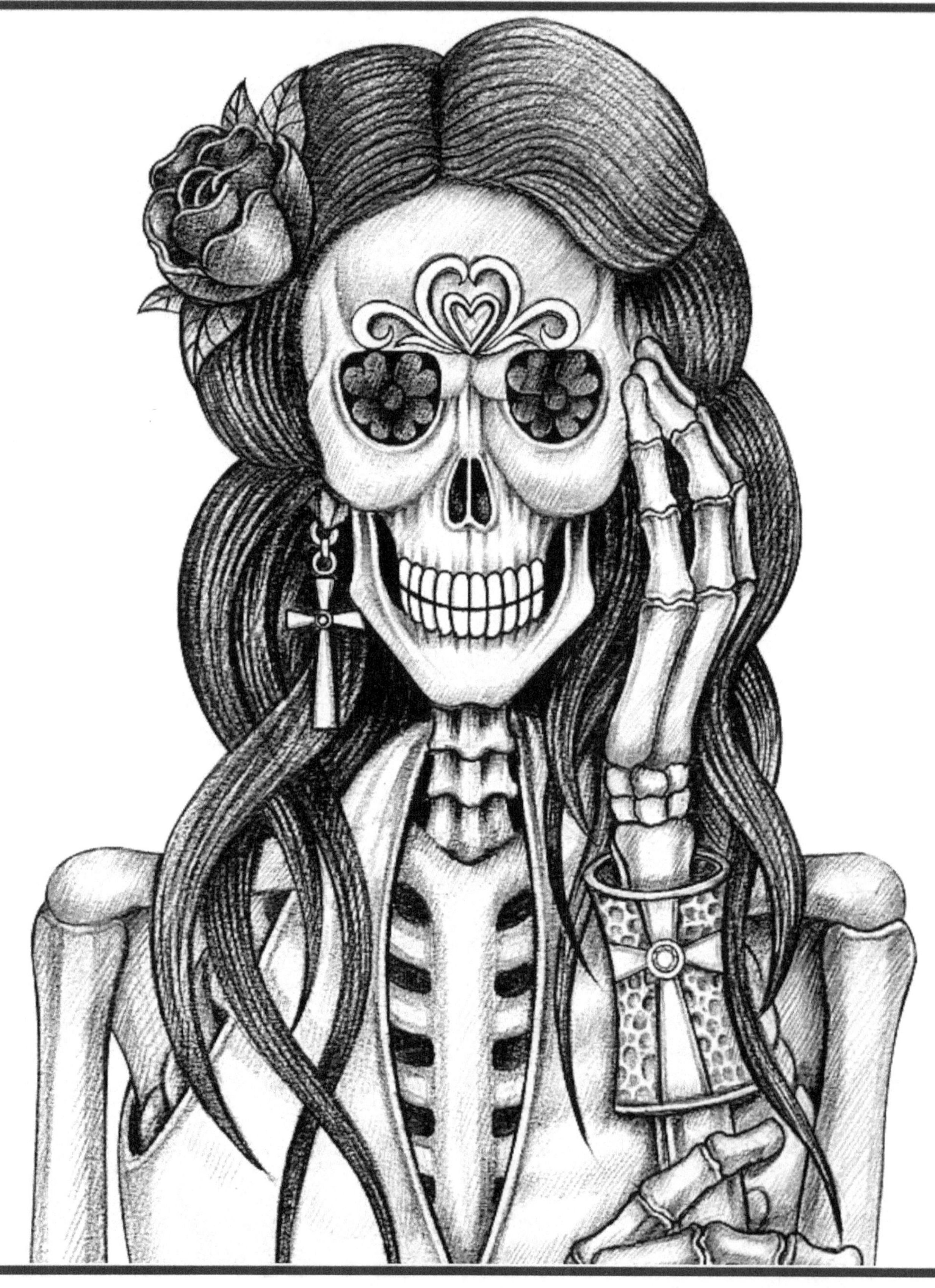

SQUELETTE LIVRE DE COLORIAGE

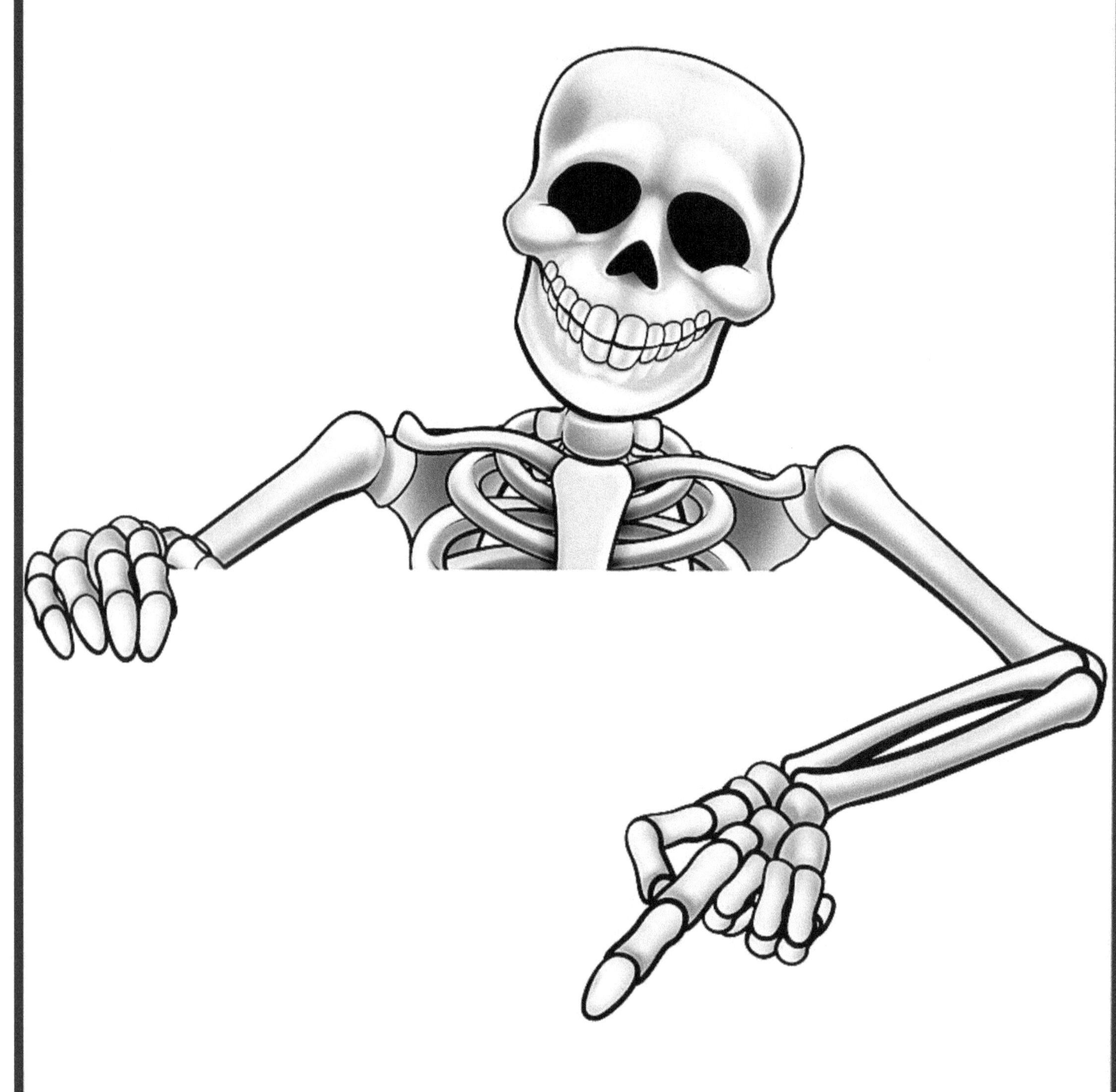

SQUELETTE LIVRE DE COLORIAGE

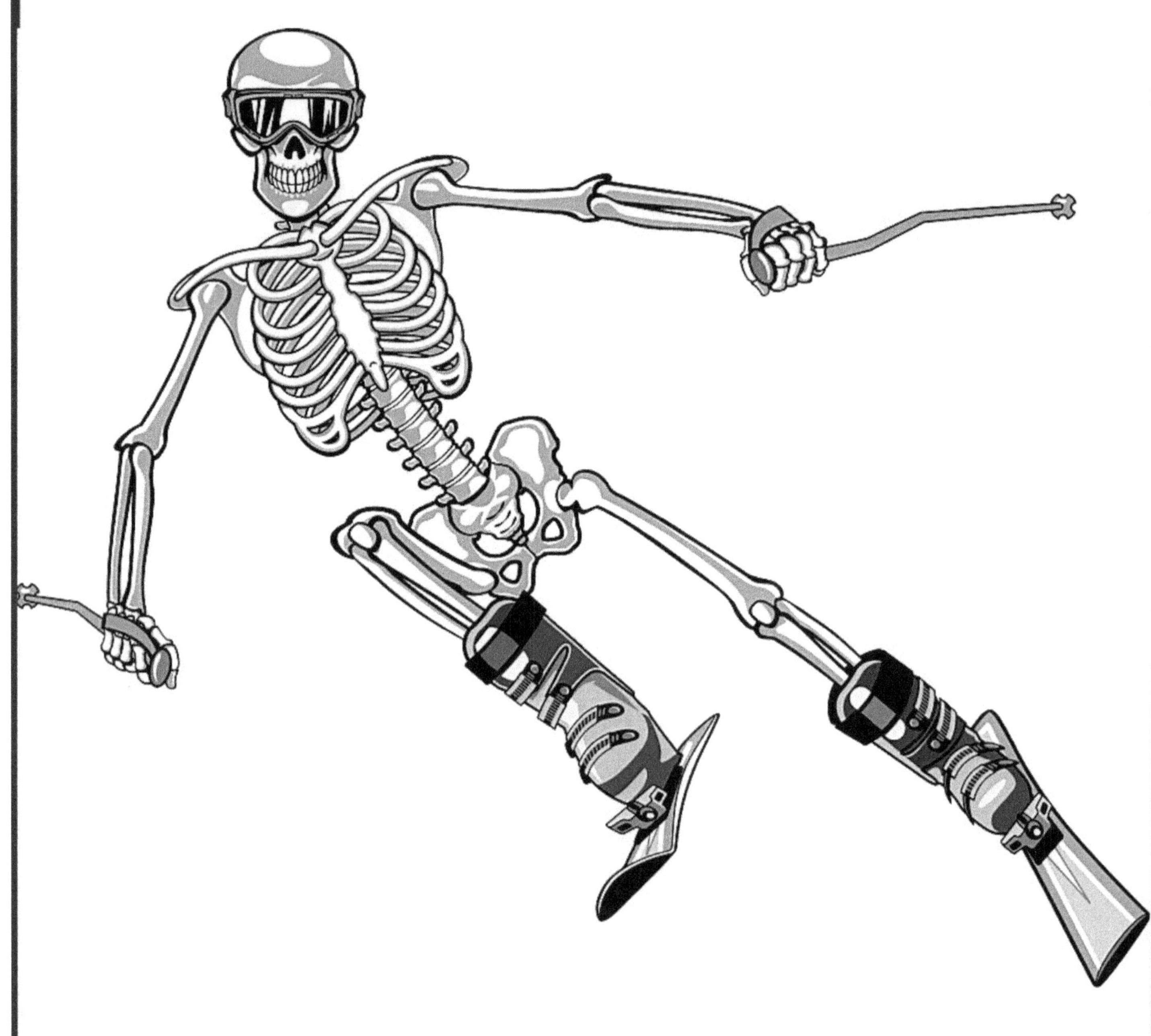

SQUELETTE LIVRE DE COLORIAGE

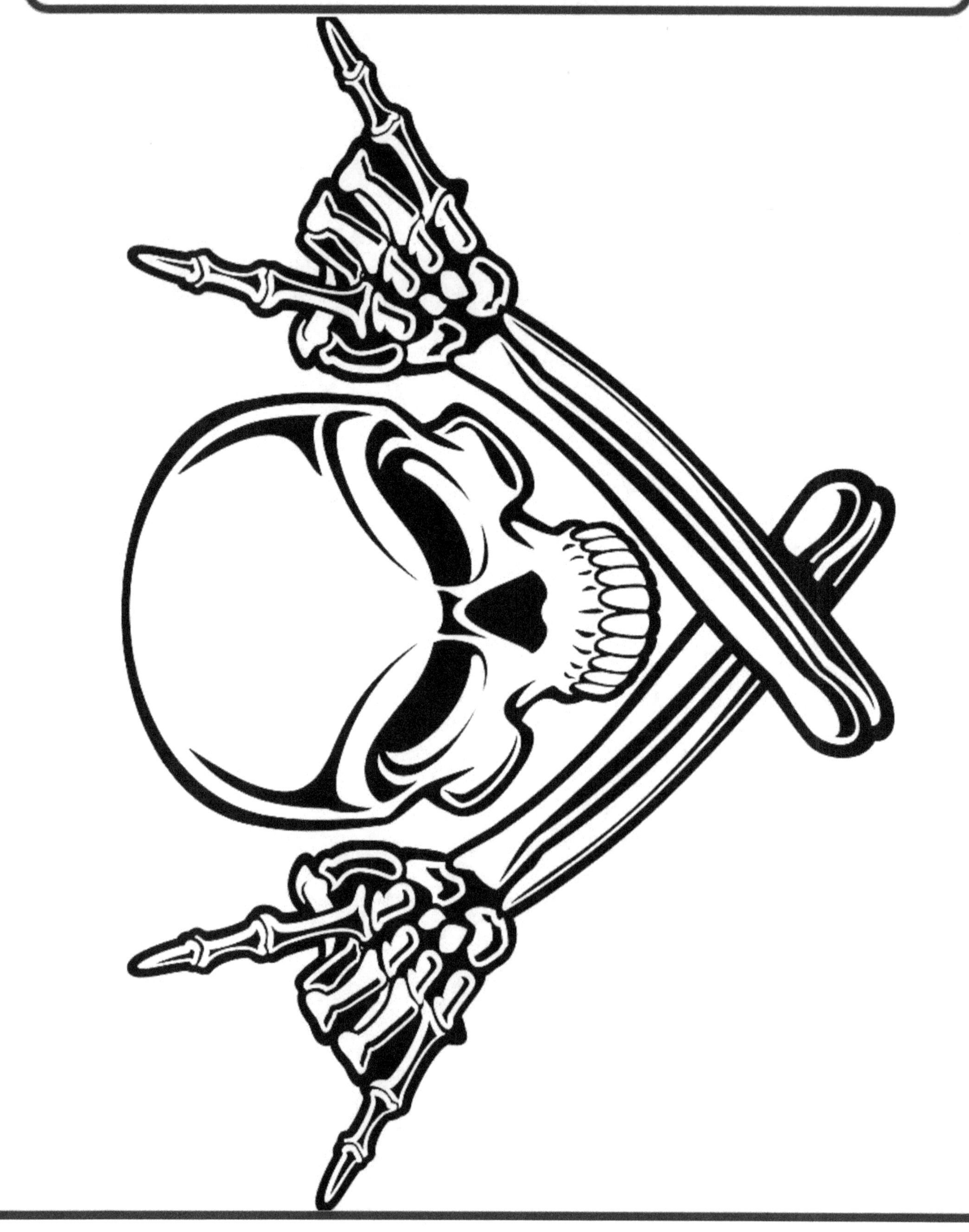

SQUELETTE LIVRE DE COLORIAGE

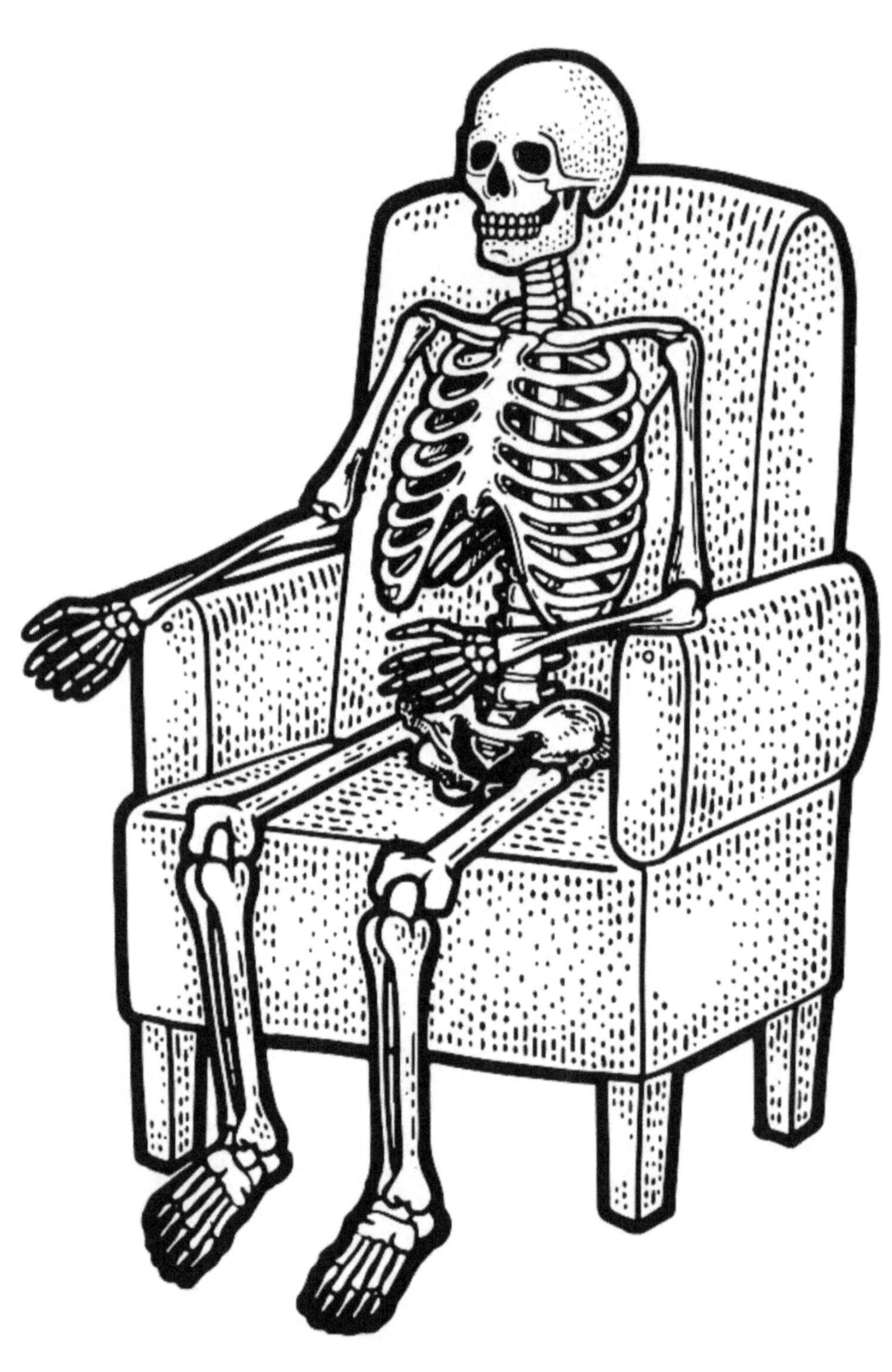

SQUELETTE LIVRE DE COLORIAGE

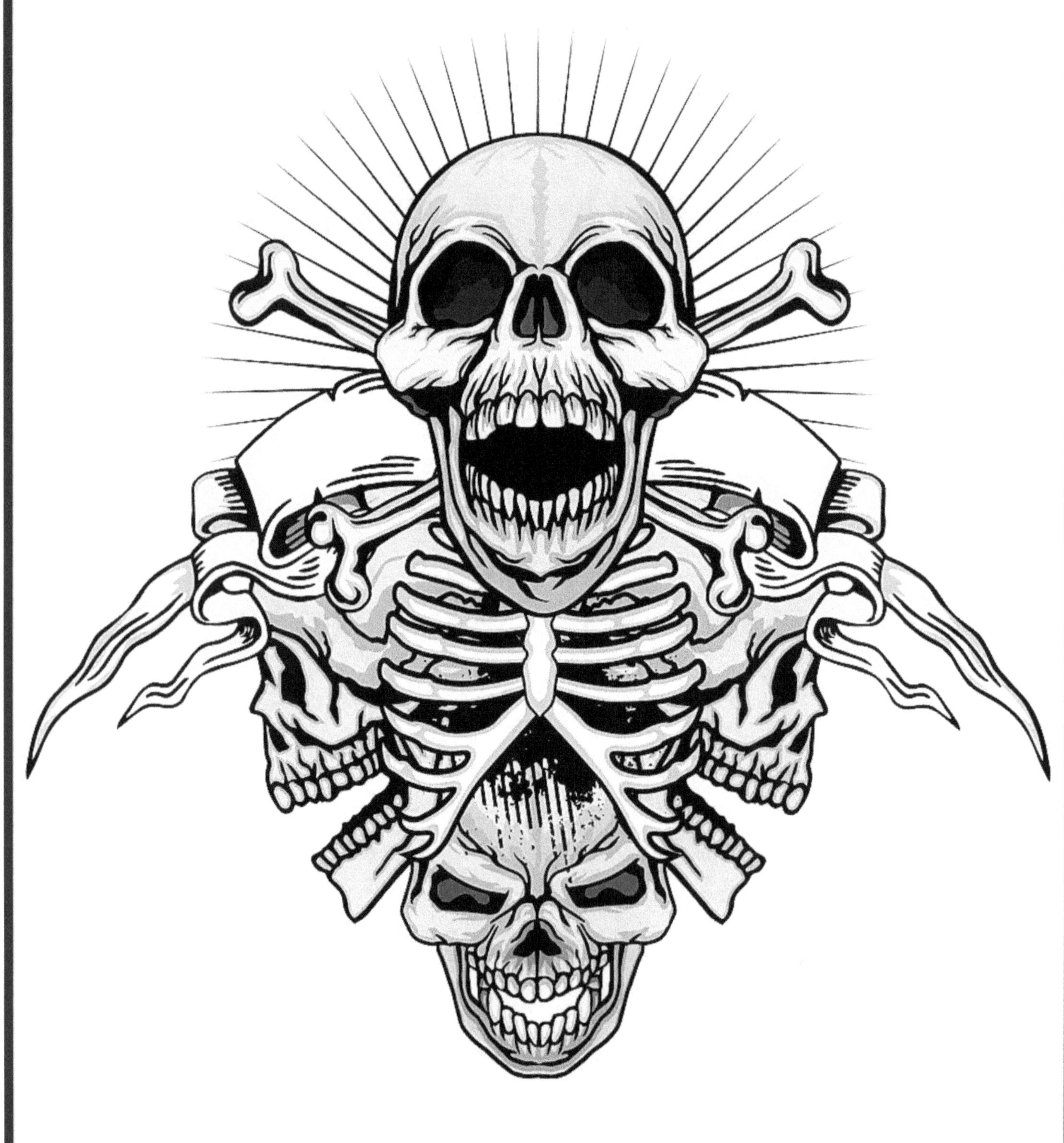

SQUELETTE LIVRE DE COLORIAGE

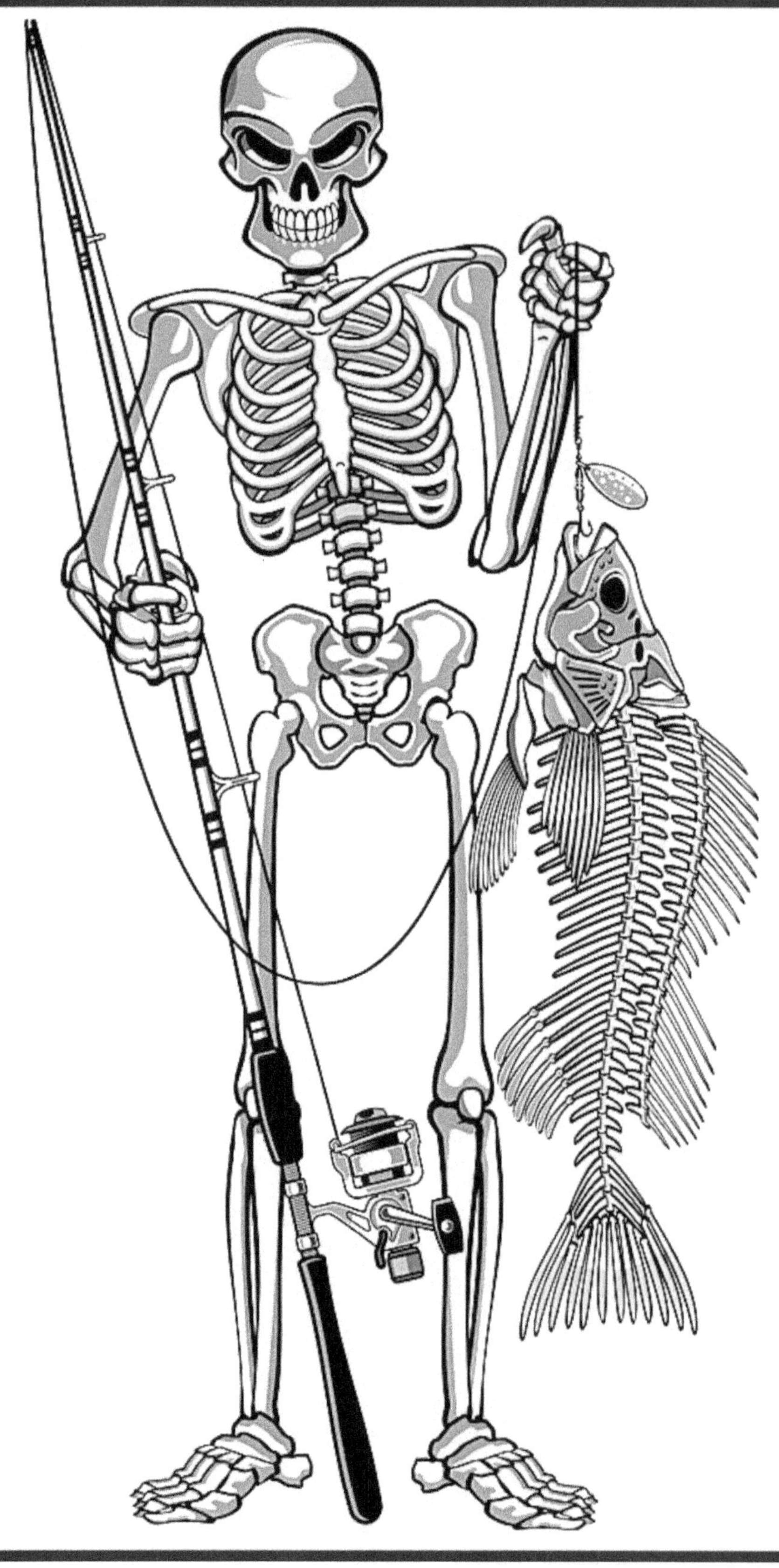

SQUELETTE LIVRE DE COLORIAGE

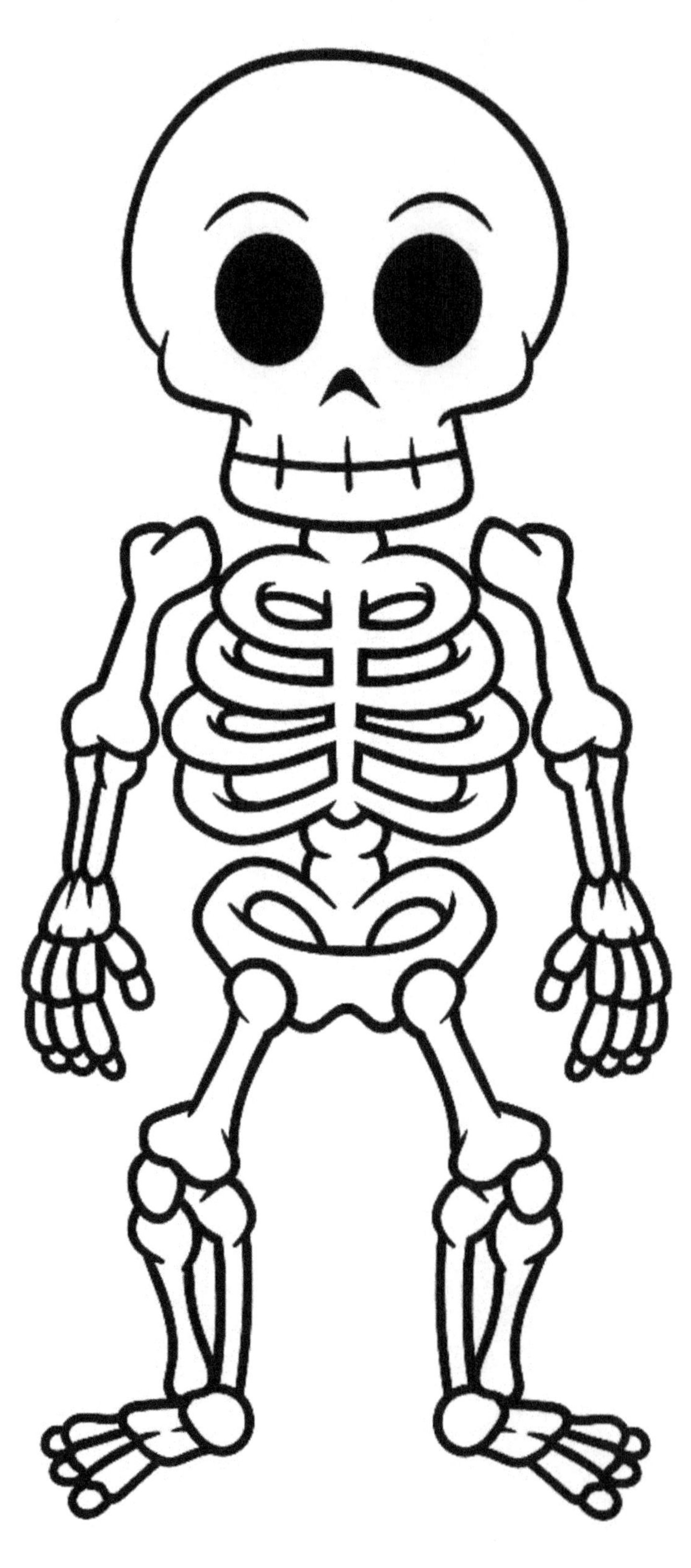

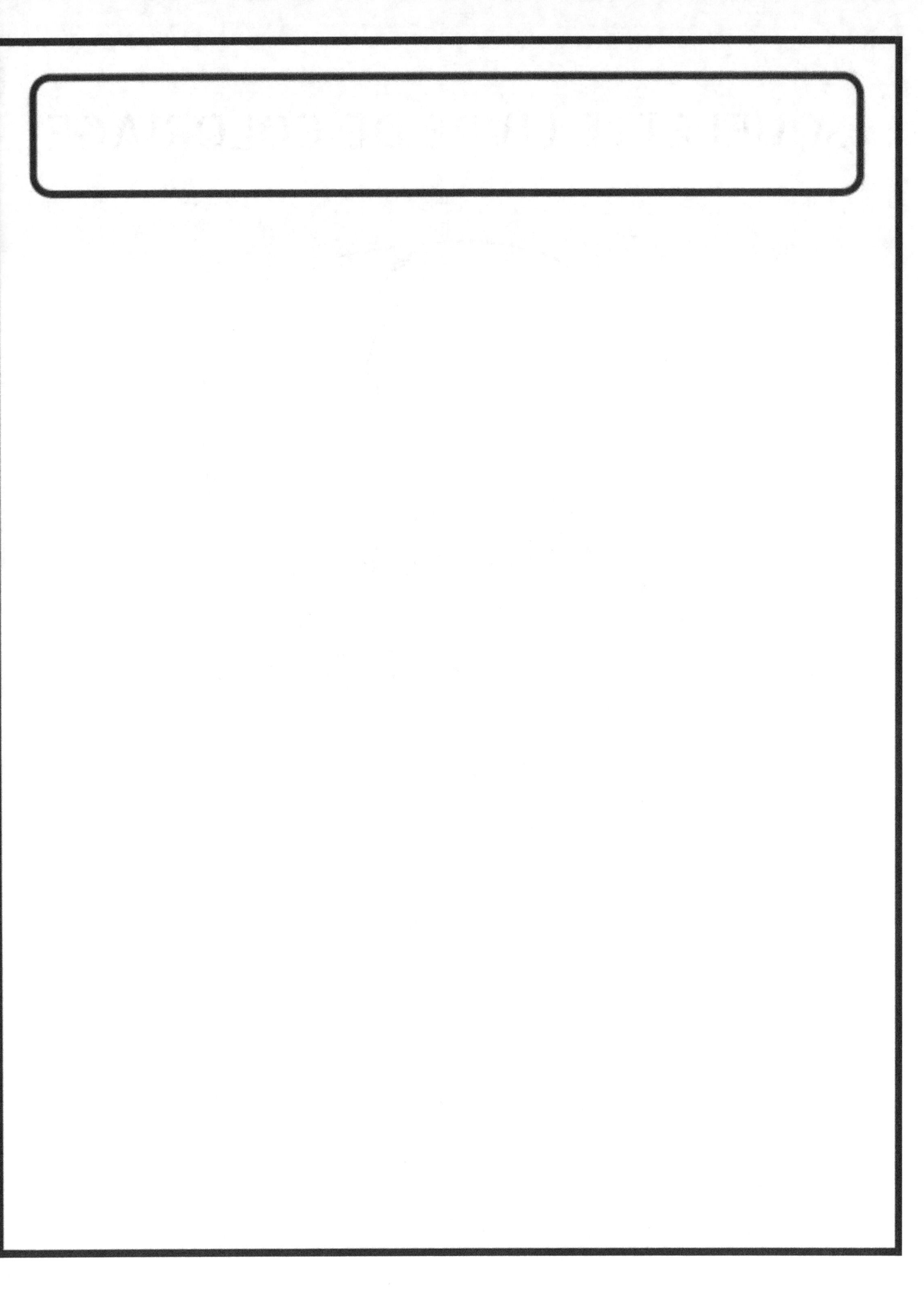

SQUELETTE LIVRE DE COLORIAGE

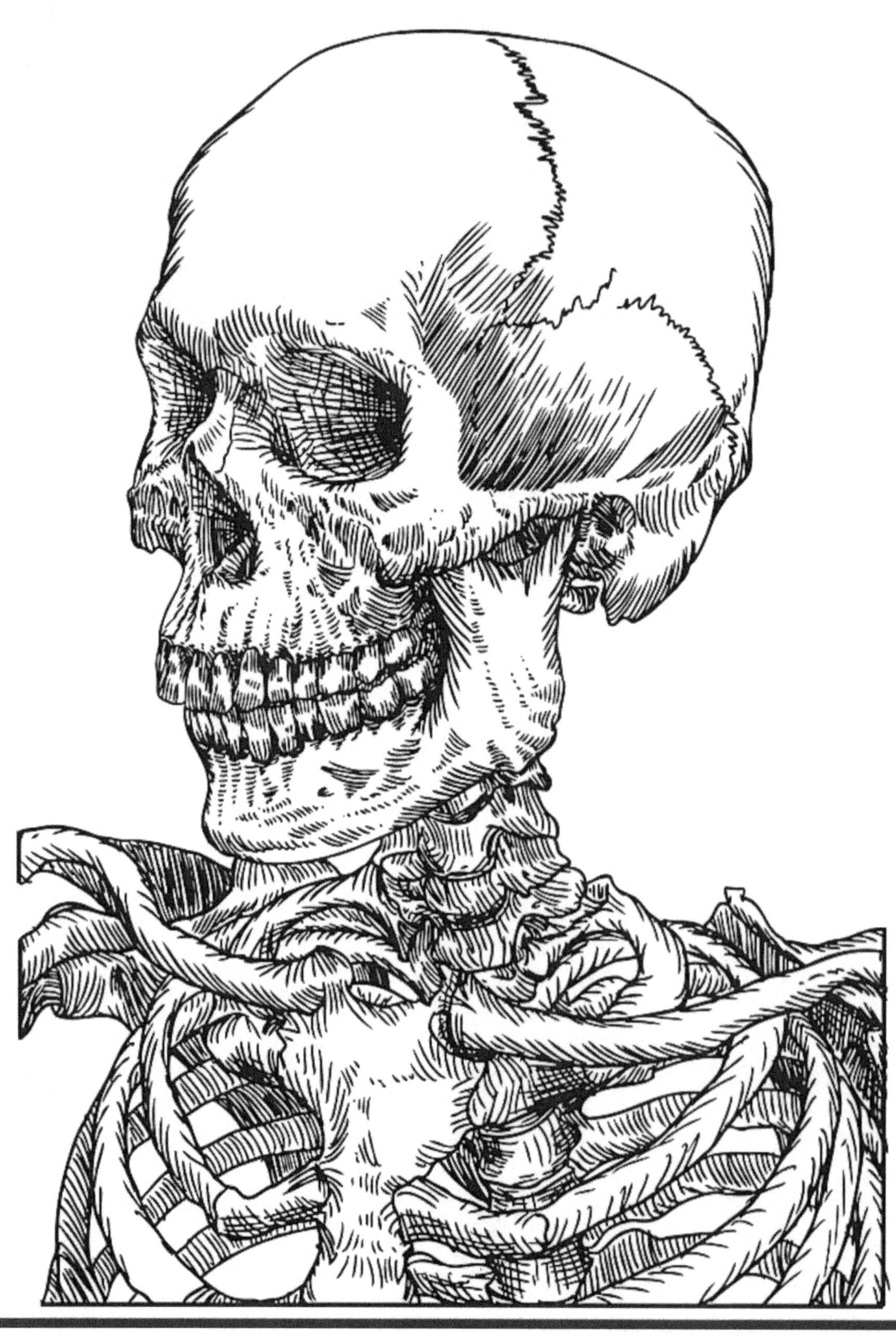

SQUELETTE LIVRE DE COLORIAGE

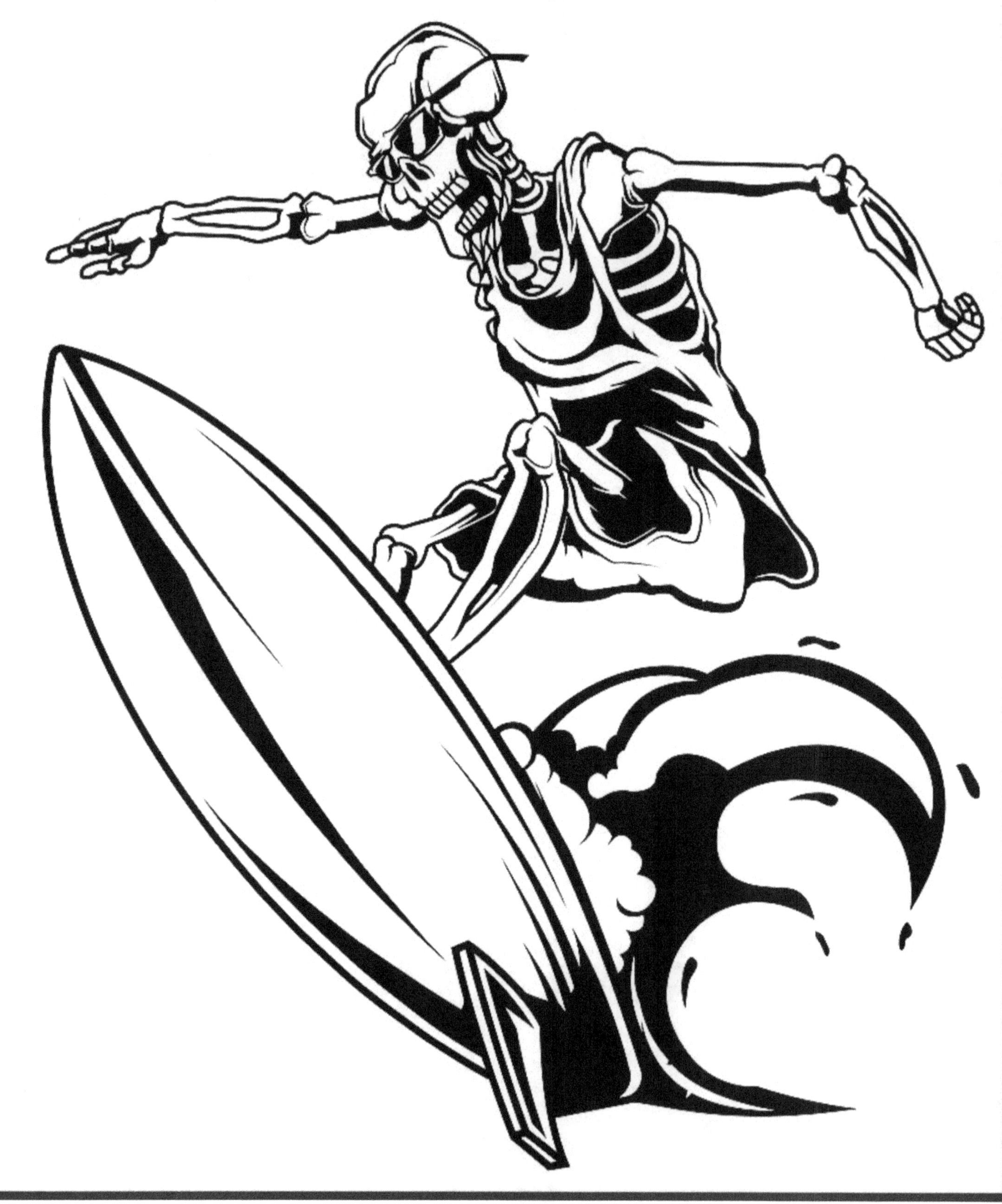

SQUELETTE LIVRE DE COLORIAGE

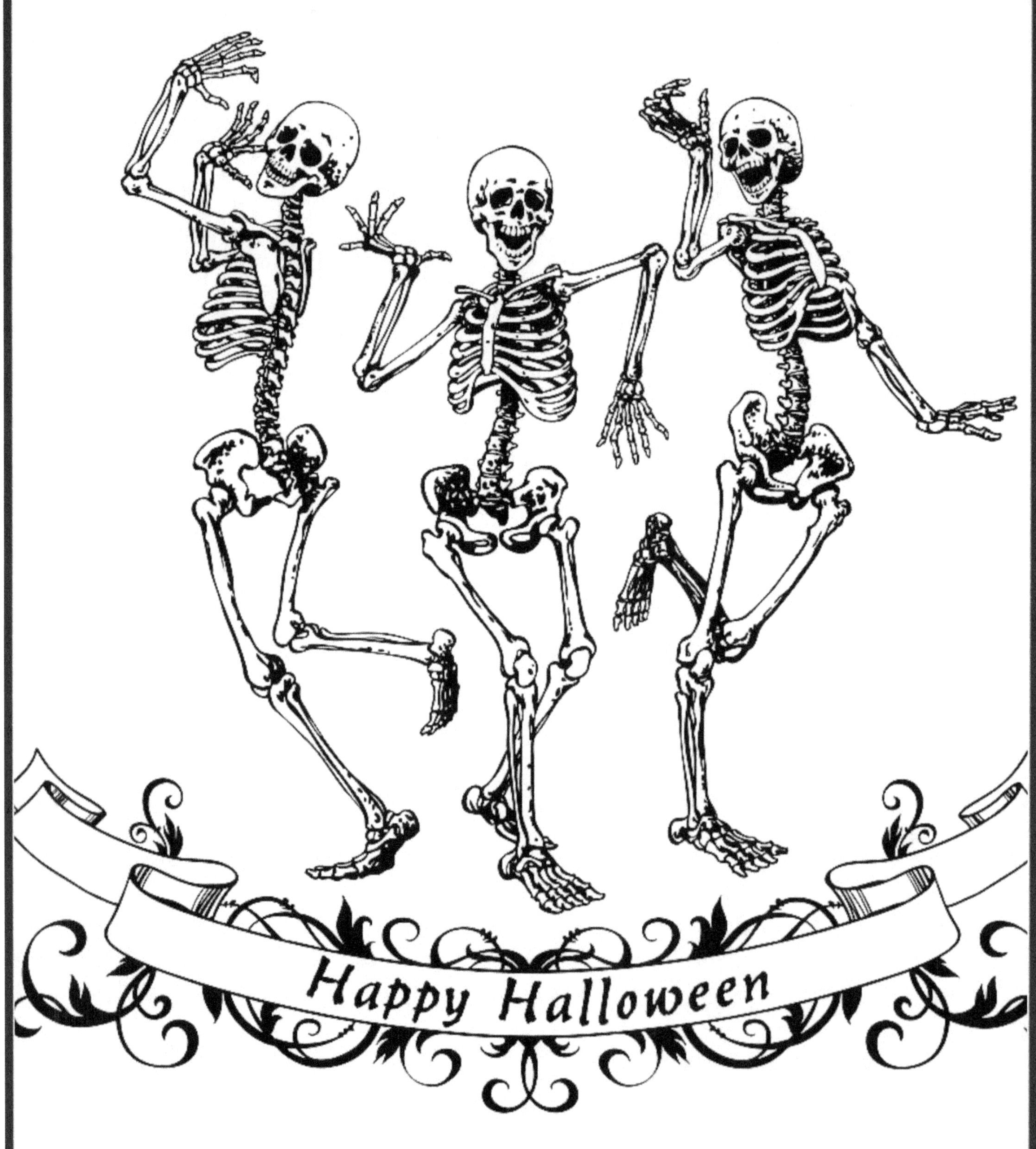

SQUELETTE LIVRE DE COLORIAGE

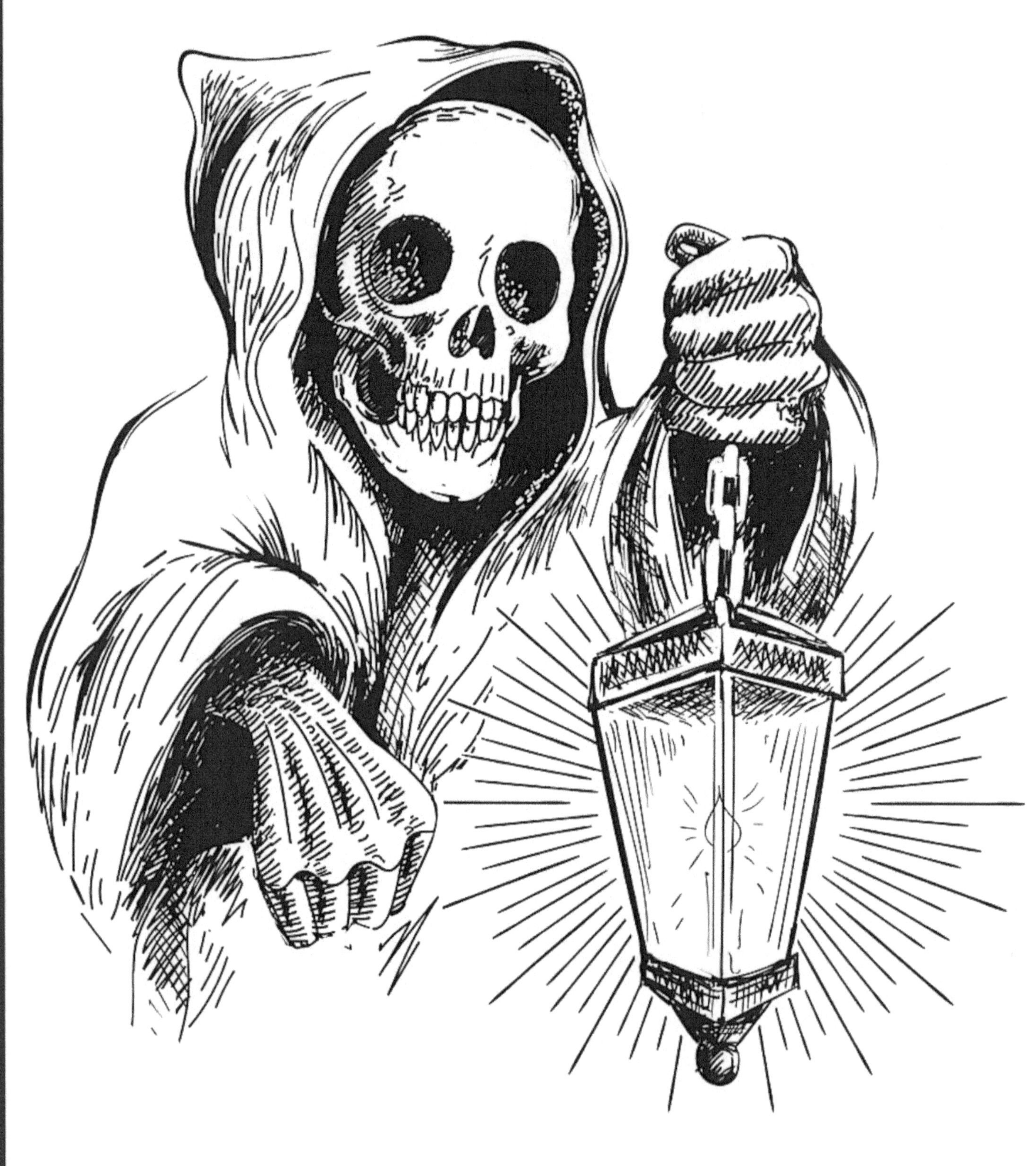

SQUELETTE LIVRE DE COLORIAGE

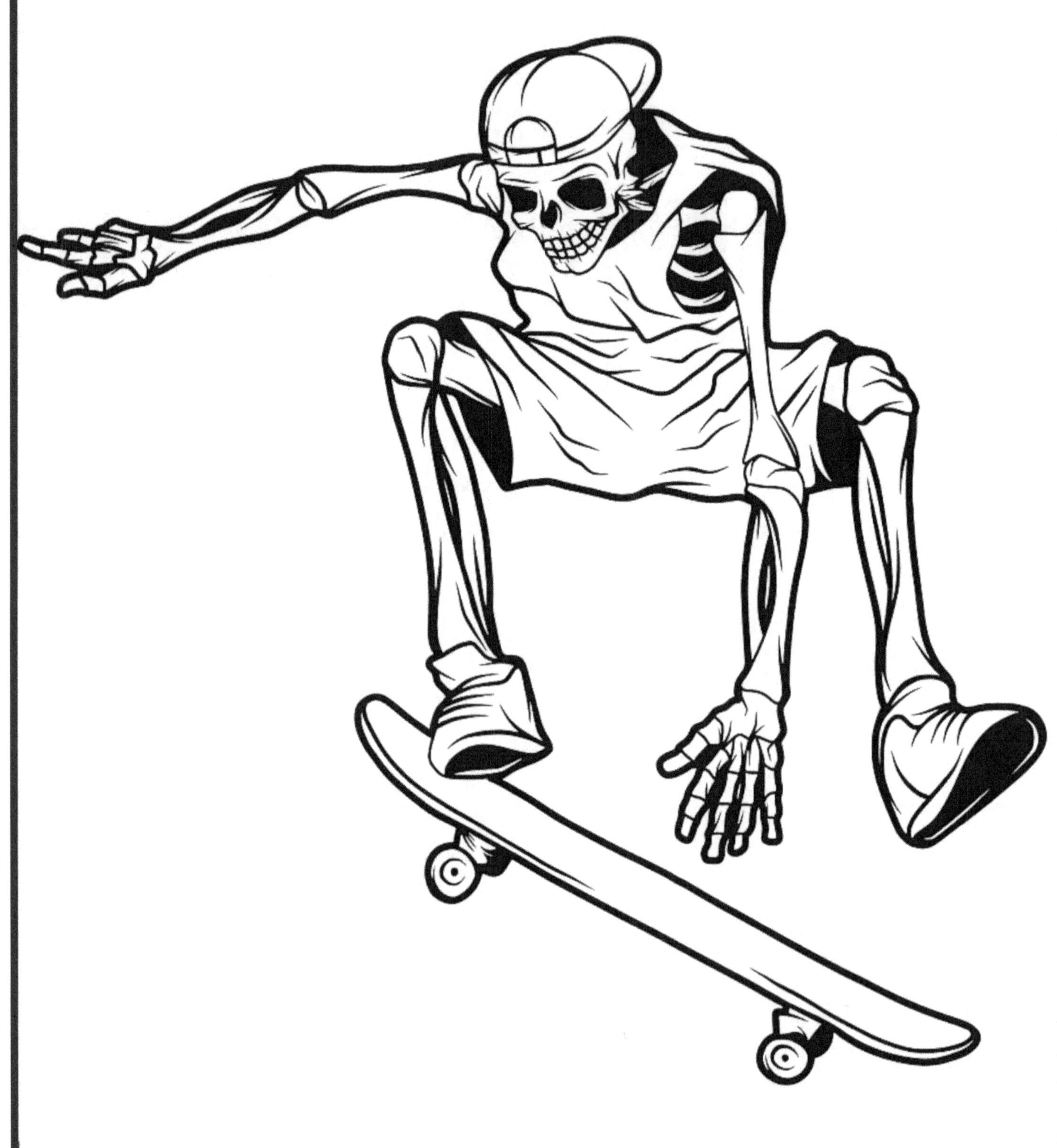

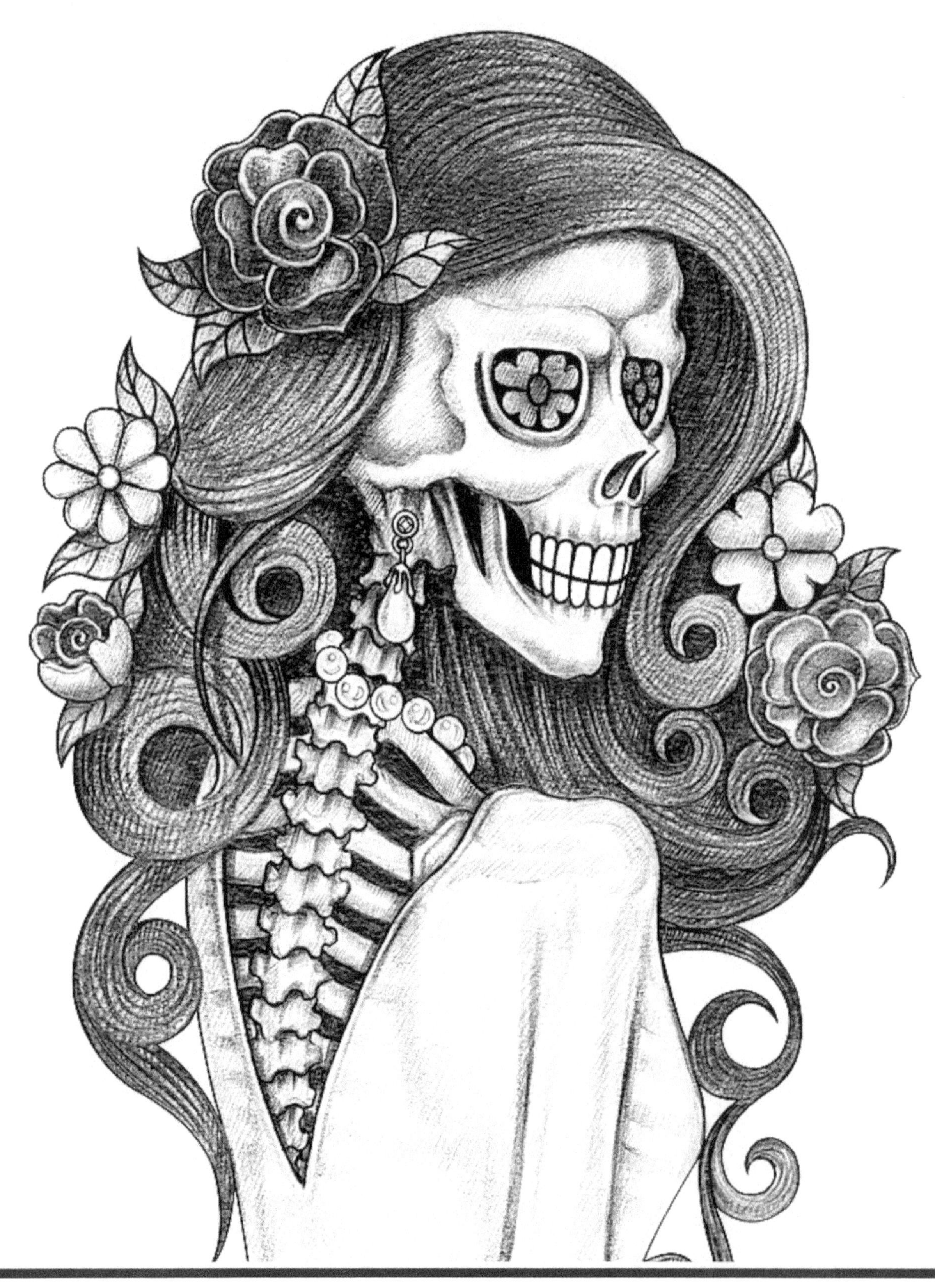

SQUELETTE LIVRE DE COLORIAGE

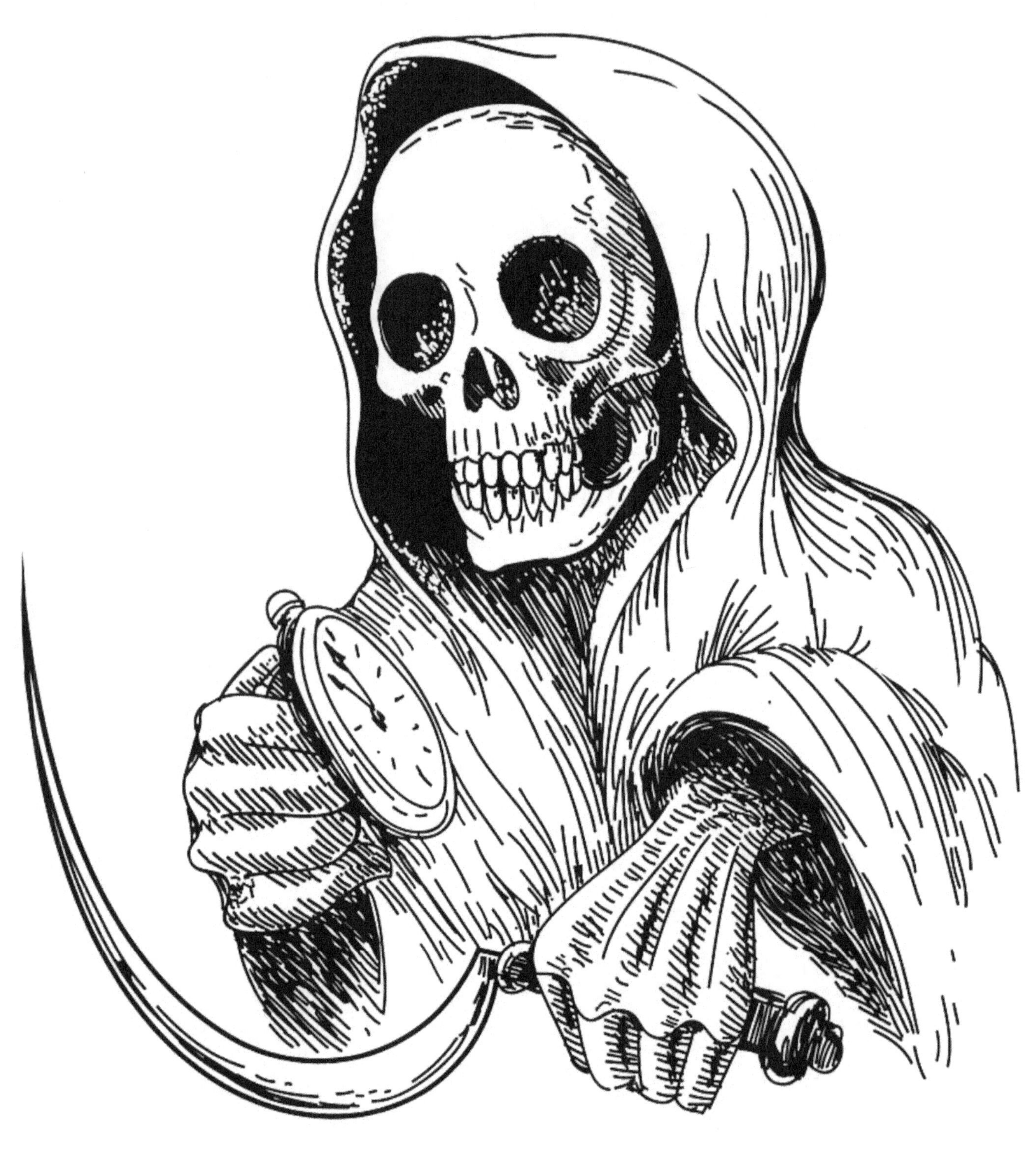

SQUELETTE LIVRE DE COLORIAGE

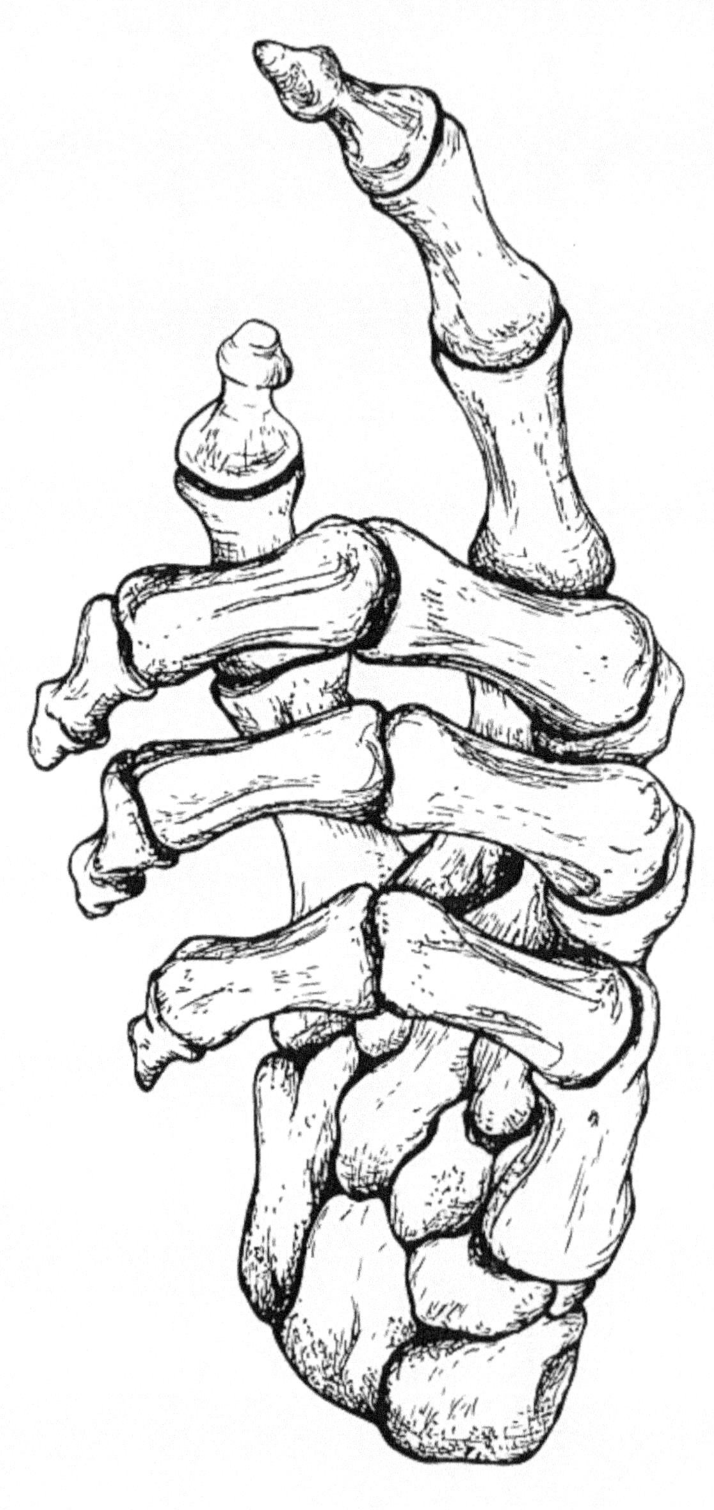

SQUELETTE LIVRE DE COLORIAGE

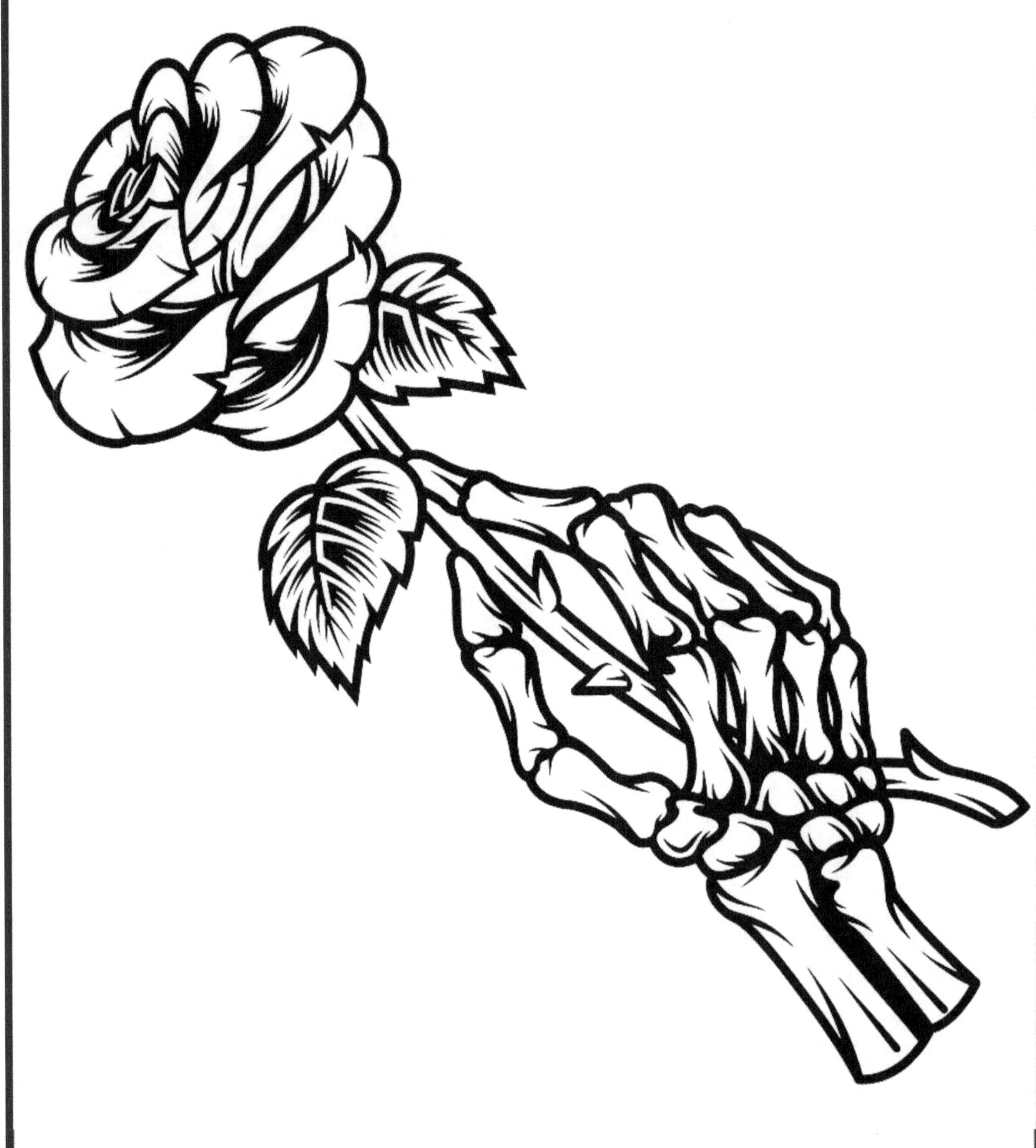

SQUELETTE LIVRE DE COLORIAGE

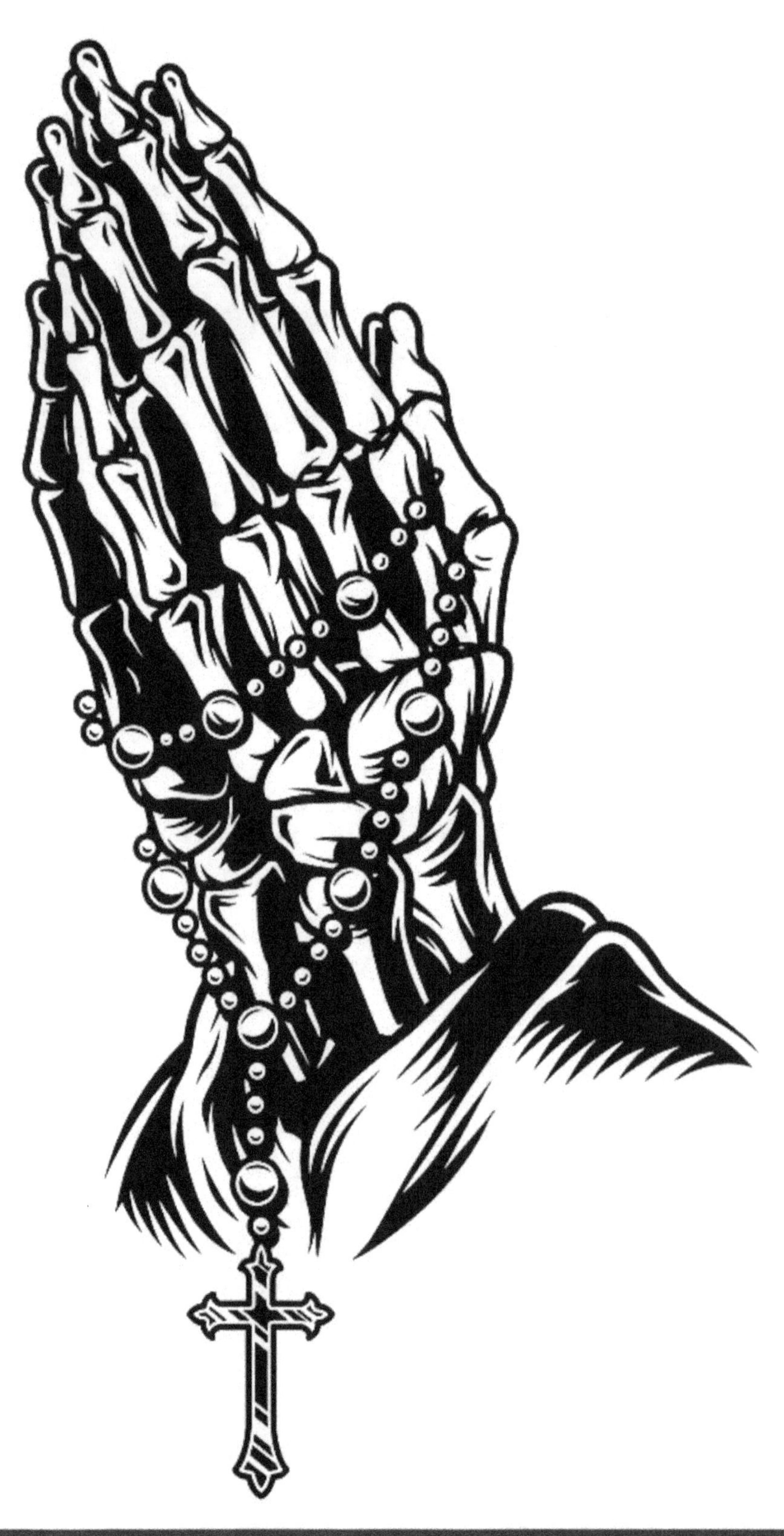

SQUELETTE LIVRE DE COLORIAGE

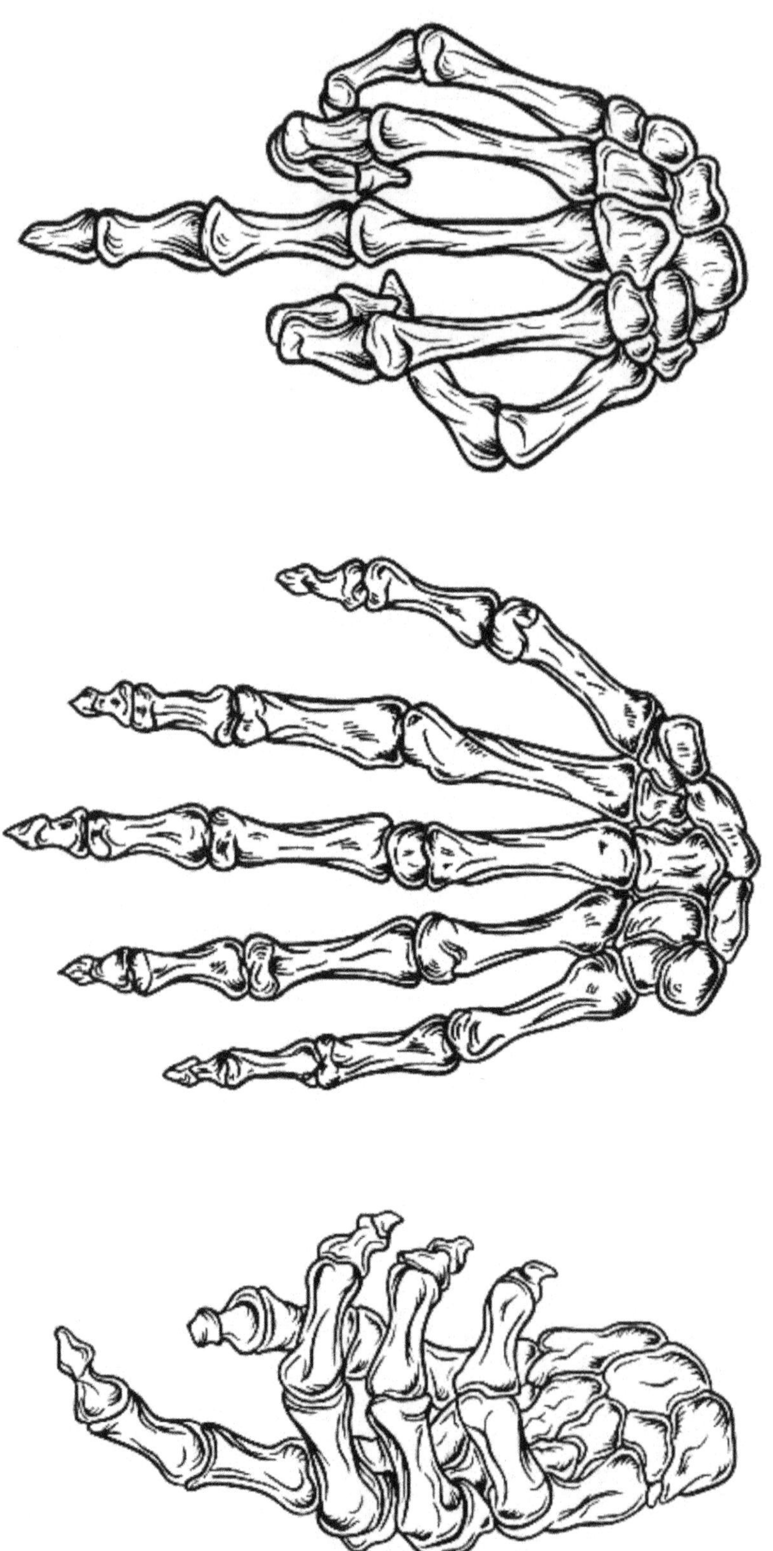

SQUELETTE LIVRE DE COLORIAGE

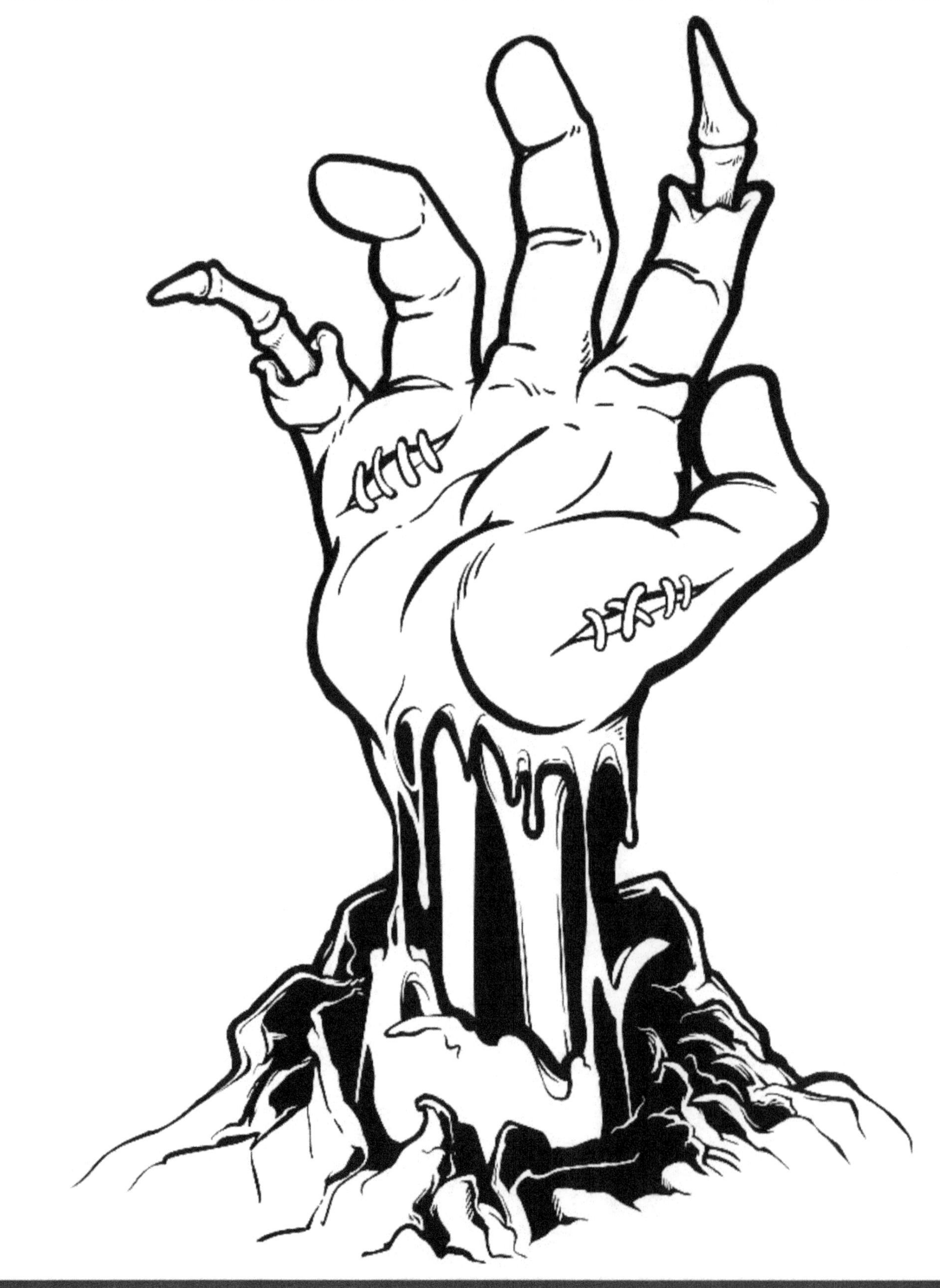